もし波平が77歳だったら？

近藤昇
株式会社ブレインワークス
代表取締役

カナリアコミュニケーションズ

【はじめに】

日本は超高齢化社会にまっしぐらである。私はこの書籍の執筆中に53歳になった。私が新人として会社に入社した頃は定年が60歳の時代だった。働くのがとにかく嫌だった私は、「あと40年近く働かないといけないのか…」と思いながら毎日を憂鬱に過ごしていた。

そんな私が会社を起こして、中小企業の経営をしているのだから人生は本当に不思議なものだ。もし、会社員をしていたら、どうなっていただろうかと今でもふとしたときに思う。少なくとも、そろそろ定年後を意識しているのは間違いない。私の若い頃の記憶では「定年＝老後」と同義語だったように思う。50代前半といえば、老後をどう暮らすかの心の準備と金銭面の心配をはじめている頃だろうか。

そんなことを考えていた20代から約30年が過ぎた。その間に社会は激変した。いや、激変し続けているといったほうが正しいだろう。定年後の世界は昔からおぼろげながら想像はできていた。しかし、高齢化問題は私が社会人1年生の頃は誰ひとりとして、自分ごととして深刻に考えていなかった。それがすでに日本中を得体の知れない不安が包み込むように進行している。ビジネスだけではなく、日本国内では何をやっていても高齢化は痛感する。

伸び盛りのベトナムなど東南アジアの国と日本を行き来している私は、日本に戻るたびに、本当に高齢者が多い国だと実感する。そして、活気や元気がない国だとも思う。

今や定年は65歳が一般的になり、すぐ先には定年70歳時代も視界に入ってきた。会社経営をしている私には定年はない。会社を経営していると定年を意識して働くこともない。もちろん、引退はいつかあるとは思っている。だが、創業した人間は自分でその時期を決めることができる。

こんな勝手気ままな立場だから、私より先輩の方々や同世代と接していると二通りの方がいることがよくわかる。ひとつは、定年後を明確に意識して働き、暮らしている方々。計画的に行動していると言ってもよいだろう。日本の今の大多数を占めていることになるが、まさしく私が新人の頃、見上げていた日本の老後の未来像だ。

一方で、まだまだ少数派ではあるが、「一体何歳まで生きる気なのだろう？」と驚かされる方々がいることにも気づく。70歳を過ぎても元気すぎる『おじさん』『おばさん』が生涯現役を周囲に公言してアクティブに活躍している。そして、こんな方とはとても思いがけない場所でお会いするのだ。それは新興国、発展途上国のアジアであったり、過疎化に苦しむ地方であったりする。なかには70歳を迎えても起業する人がいる。仕事がら、不思議な人、楽しい人との出会いが多いが、それでも驚く。

実は、本書の構想のヒントとなったのは築野元則さんとの出会いだ。築野さんは現在58歳で、ＪＩＣＡベトナム、ＪＩＣＡ関西の所長を歴任され、今年、定年を前にＪＩＣＡを退職し、実家の会社に転じた方である。築野さんとはベトナム関係とＩＣＴ（情報通信技術）の仕事のご縁があり、知り合った。そして炎天下が続く8月の上旬に高野山の宿坊に招待いただいた。酒も進みながら、築野さんの部屋で二次会となった。もうすぐ、定年の年齢を迎える築野さんを主役にそれぞれのこれからの話題で盛り上がった。築野さんのビジネスパートナーである都倉尚吾さんが宴もたけなわの頃、

「近藤さん、ところで、サザエさんの波平は何歳だと思いますか？」

と、突然切り出された。私は、波平が作品の中で働いているのを知っていたので「50代半ばぐらいでしょうか」と返事した。これ以降の展開は本文で詳述するが、こんな他愛もない会話がきっかけだった。創業時に思いつきで、シニアの知恵を活かせるしくみを創ろうと考え「シニアジョブネット共創の匠」を商標登録した。そして、シニアの憩いの場としてのウェブサイト「梅さんの部屋」もしばらく運用していた。シニアの求職サイトも立ち上げ、サービスをスタートさせた。しかし、事業としてはなかなか成立せず、構想と想いだけが膨らむ日々を過ごしてきた。数年前、シニアの活躍の場づくりが少しでもできればと、アジアで活躍するシニアを応援する書籍を構想していたときもあった。簗野さんとのご縁で、それまでのすべての想い、アイディア、構想がつながって、本書の全体像ができあがったのである。

私は31歳に創業した。それゆえに、その頃の社員の平均年齢は20代だった。あれから20年以上が経ち、当社は50代の経営メンバーを筆頭に20代前半の若者が所属する会社になった。創業時から『老若男女多国籍軍』を目指していたので、今はそれに近づきつつある。

本気で中小企業支援をコアにビジネスを展開してきたつもりだ。今気づいてみたら、ビジネスパートナーや顧客の経営者、関連する方々は、50歳より上の方が半数を超えてきた。最近これはとても幸せなことだと思えるようになってきた。30代ではなかなか接点をもてなかったシニア世代と自然とビジネスができるようになってきたのだ。そして、そのような大先輩の方々から、毎日のように思わぬところで想定外のネタをもらい、刺激を受ける。一言でいうと、皆さんお若い。昔話もときにはするが、今、本当にお元気なのだ。私が刺激をいただくシニアの方々は、皆さん意志を明確に持っている。必然的にポジティブであり、心身ともに健康だ。

社会貢献や、日本や地球の未来を憂えて何かひとつでも役に立とうとさまざまな活動をしている方もいる。子供たちの未来に貢献しようとアイディアを練っている方もいる。あるいは、シニアで初めての起業にチャレンジする方もいる。アジアに単身乗り込んで、かつての日本を思い出しながら大活躍する方もいる。もちろん、私はこれからの日本のシニア全員がそうなるとは思ってはいない。しかし、オリンピックでがんばる選手に元気をもらえるように、同世代ががんばっていることを知るだけでも、シニア世代は元気になると確信している。なぜなら、私でも勇気が湧いて刺激を受けて元気になるからだ。しかし、知らない間に、気づかない間に、固定観念や思い込みで心の中の定年を迎えてしまっている人がいるとしたら、日本のこれからにとって、大きな損失になる。そんな想いでこの本をこのタイミングで発刊したいと思った次第である。

ひとりでも多くのシニアの方々に元気になっていただくきっかけづくりに貢献できるとしたら、望外の喜びである。また、この書籍はシニア世代の方だけでなく、すべての世代の方に読んでもらいたいと想いまとめたものである。

2015年11月　株式会社ブレインワークス　近藤 昇

目次

第2章　アジアでもう一花咲かせませんか？

コラム―大活躍するシニア（その1）

第3章　日本の起業をシニアが活性化する時代

第4章　中小企業と日本はシニアで蘇る

第5章　シニアは強みと弱みを知り、変化を起こす

第6章　シニアが快適に過ごすためのICT活用

プロローグ

青春真っ直中のシニアたち

この本の原案は実は2年前にできていた。本書でもまとめてコラムとして登場いただいているが、アジアで活躍されている数々のスーパーシニアに出会ってきたのがきっかけだ。少子高齢化の影響で、課題山積の日本。特にビジネスはマーケット縮小の危機感が日本中に蔓延し、会社に依存気味の会社員だけではなく、経営者までもが先行きに大きな不安を抱えている。単純に考えれば、日本の外のマーケットを創造するために行動をはじめれば良いのだが、残念ながら今の日本の企業の大半は「NATO（ノー・アクション・トーキング・オンリー）」とアジアで揶揄されている。「口ばかりで行動しない日本人」のことを言う。とても悲しい現状だ。

ところが、アジアでビジネス活動をしていると「NATO」を微塵も感じさせない行動力のあるシニアに出くわすのである。本当に嬉しくなる。今までに多くのシニアの方と出会った。最長では70代後半の方もいる。農業、建設、教育、製造、環境、エネルギー、人材活用などなど分野は多岐にわたる。活躍されている国もさまざまだ。詳しくは、コラムで紹介するが、彼らに共通していることは、皆さん『スーパーにお元気』なことだ。常に現場のど真ん中におられる。言葉ができる、できないも関係ない。もちろん、肉体的な衰えは否定できないだろう。しかし、気持ちが若い。心が若いのだ。ついつい「おいくつまでされるつもりですか？」と聞いてしまう。サムエル・ウルマンの言葉に「青春とは人生のある期間ではなく、心の持ちかたを言う」とあるが、まさに彼らは今が青春なのだ。

メディアはネガティブなイメージを植えつける

一方、日本国内にいるシニアはどうだろうか？　単純に比較できるものではないが、日本国内で活動しているシニアに対しては「何ともったいない」の一言に尽きる。まだまだ活躍できる場所、機会はたくさんあるにもかかわらず。メディアの影響も大きいのは間違いない。基本的な論調は、とにかく老後の心配をあおる記事が蔓延している。毎日のように、メディアには、「高齢者・老後・介護」の文字が飛び交っている。最近では、「貧困・

孤立」などのなんだか悲しくなる言葉も登場している。テレビや新聞から発信される単語が否応なしに目に飛び込んでくるし、脳裏に焼きつく。さらに、最近は「後期高齢者」という言葉も目立つ。日本語はときに、多くの誤解を与える。語源を大切にすることは文化を守ることでもあるが、ネガティブな印象の漢字は使わない方がよいとつくづく思う。英語の方がましではないか。例えば、最近では「障害者」という字の使い方に変化がみられる。それと同じように「後期高齢者」は変えたらよいと思う。それならば、「スーパーシニア」や「エクセレントシニア」ではいかがだろうか？

アジアで過ごしながら色々と考えて、はや20年近くになる。もともとはアジアで活躍するスーパーシニアを中心に「アジアでもうひと花咲かせよう」というテーマで書籍の発刊を準備してきた。一部、大手新聞社にコラムも提供した。シニアがアジアで活躍できる時代を目指して、その羅針盤のコンテンツを発信しようと原稿も書き進めていた。それと並行して、当社の事業展開の柱である中小企業支援や地方活性化のフィールドでは自然と、シニアのパートナーとのお付き合いが急増してきたところであった。そして、はじめにに書いたとおり、今年の夏に本書の構想がひらめいたのである。

現代の「波平」は77歳

あれから毎日のように本書のタイトルと目次、基本スキームの図を持って、お会いする方、全員にぶつけてみた。想像以上にたくさんのネタやアイディアを頂いた。「だったら、こんな面白い人を紹介する」と加速度的にコンテンツや人とのつながりが増加した。このテーマで話をすると、どの方にも共感いただき、なによりも皆さん元気になる。そんな反応を見ながら私は確信した。今は、元気な話題こそ一番必要としている時代である。

本書のタイトルにある「波平」と聞けば、私より上のほとんどは、サザエさんを思い浮かべるだろう。「のび太」といえばドラえもんと同じように、国民的な作品である。そのサザエさんは色々な意味で日本人に影響を与えてきた。今でも、家族構成、年齢は1946年の連載開始から変わらぬままだ。原作者の意図を私は知らない。しかし、その時代の象徴、モデル像がサザエさんの原型を形成しているのだろう。少なくとも、今も日曜日の夜にテレビをつければ「波平」が登場する。

ところで、皆さん、波平の風貌を見て、何歳だと思いますか？

本書の執筆中に１００人以上の方に尋ねてみた。

「家族構成を考えると、カツオは波平の子供だから…」
「見た目からは60歳超えているよね」
「働いているから定年前だろう」

反応は実に面白かった。実際はどうなのかと思い、色々と調べてみたが、「波平」は作品では54歳の設定である。そこで、私の好奇心が目覚めた。

この「波平」が登場した頃の日本の社会はどうだったのか？　１９５０年頃の平均寿命は60歳前後だ。そして定年退職は55歳が通例だった。なるほど。その時代の「波平」の年齢も風貌も頷ける。

そこで私は考えた。今は定年65歳が普通になり、70歳定年説も聞こえはじめている。日本人の寿命はどう変化しているのだろうか？　日本人は長寿には関心が高いが、すでに世界のトップランナーであり、まだまだ延びると予想されている。将来的に、１００歳も視野に入ったという話も聞くくらいだ。

私は、53歳になったばかりである。社長業（＝元気で変わり者）をしているからか、とにかく元気だと言われる。もちろん、自分でも元気だと自覚もしている。とても、来年には、ブラウン管のテレビに映し出されていた「波平」の年齢と並ぶことが実感できない。まだ、ずっと先のことだと今でも思っている。

ならば、そのずっと先はどれぐらいだろうか？　こんなことを真夏の高野山から戻って以来、思いをめぐらせていた。そんなあるときの会話で厄年の話題になった。私はとうに男性としての厄年は過ぎた。なぜか、普通の人は厄年だと落ち込む。私も確かそうだった。「40代か、人生折り返し地点だな…」とネガティブなことばかり考えてしまう。あの頃、まわりの何人かの先輩に慰められたことを今でも思い出す。

「今は、年齢は7掛けだよ。つまり、今の厄年は60歳」

誰に言われたかまでは正確には覚えていないが、その台詞が思い浮かんだ。77歳の7掛けは54歳だ。そう、喜寿でもある。思わず膝を打った。

そうなると今度は、医学的根拠や統計データを調べてみたくなるのが私の性分だ。それと、その年齢前後の人たちの意識はどうだろうか？　実際、何人かの77歳前後の方にも聞いてみた。詳細は本文に譲るが、現代の「波平」の実年齢は77歳。これ結構当たっているのではないか。

シニアが主役の時代を創る

何事につけても、メディアや人の噂はその人の気分や行動に影響する。私はフランスの哲学者であるアランの「悲観主義は気分に属する。楽観主義は意志に属する」という言葉が大好きだ。日々の行動でも常に意識している。結果、そのとおりになることも多いから不思議だ。今の日本の高齢化問題を語り、考える世界では、明らかに悲観主義が蔓延しているのではないかと思う。誰も経験したことのない世界なのだから仕方がない部分もある。しかし、必要以上に暗い話が多すぎる。今は、戦国時代でもない。明日に戦いがはじまる危険もない。私が楽観主義だからではない。事実やデータが正しく知られていないのである。そして、とんでもない元気なシニアの存在すらも薄くしているのだ。

こんなことを想い、少しでも本書で皆さんが元気になる根拠を伝えることができればと思っている。意志に属した楽観主義こそが、深刻と騒がれる日本の高齢者問題に一石を投じることができるのではないか。そして、実際に活躍の機会に巡りあえず、新たなる仲間に出会うこともなく、くすぶりかけているシニアの方々に元気を与えることができる。日本の閉塞感のある現状に明るい可能性を創り出すことができるはずだ。

本書では、できる限り書籍や文献で関連情報を調査、研究し、たくさんの方々にも実名で登場いただいて、元気を伝えていただくことにした。私はこういう類の書籍は単なるきっかけであり、アドバルーンに過ぎないと考えている。

当社としても、今の実力に応じて、提言や企画・実行を進めていく所存だ。本書をきっかけに、たくさんの出会いやビジネスパートナーと巡りあうことを確信している。本はそういう役割も担っている。

『ICTとアナログ力を駆使して、ビジネスを変革する』ことを標榜している当社としては、シニア活動に貢献できるICTを活用したしくみも構築中であり、サービス提供へ向けて準備を進めている。当社が長年培ってきたアジアでのビジネスノウハウと今取り組みつつある地方活性化ビジネスなどの方面で貢献できるだろう。何よりも、日本やアジア、ひいては地球の未来は後世に引き継がなくてはならない。私たちの使命があり、次世代の教育、育成のためにもシニアは不可欠である。シニアの方々が、この先、ずっと主役になる時代を創り、シニアが若者を育てるという昔のしくみに戻るような取り組みにも力を入れていきたいと思う。

第1章

シニアが主役の時代がやってくる

本当に高齢化社会はそんなに深刻なのか？

高齢化社会到来が世間で言われだしてもう何年たつだろうか？　総人口に対する65歳以上の人口の比率が7％以上で高齢化社会というが、日本がこの水準に到達したのは1970年だ。いまは、それに輪をかけて人口減少問題が日常のテーマになってしまった。特に、少子高齢化と表現すると、少子化も高齢化もセットで大問題となる。少子化と高齢化はその対策や解決の点でみると実際かなり違う。特に国の財政面でみると、関連することはあるが、本来は別々に考えるべきことである。少子高齢化と書くと、常に同時進行するものだと思うが、中国を見るとそうでもない。人口が多すぎて子供の数を制限しつつ、一方では高齢化に差し掛かっているのが中国だ（ところが、つい先日、突然、一人っ子政策の廃止を発表したが、なんとすごい国かと思う）。

何事もそうだが、日本の国内だけを見てしまうと、あまりにもドメスティックで、世界的な視点が消える。日本は、必要以上に少子高齢化がセットで問題視されすぎ、メディアでも騒ぎ立て、その結果、大衆の不安要素につながっていると感じる。スイスのように、世界一幸せな国を今後日本が目指すなら、少子化も高齢化もそこまで大きな問題ではない。

一方、世界のトップランナーに上りつめた経済人の世界から見ると、マーケット縮小は、とても深刻で何とか次の手を打たなければとなる。短期間の経営責任を担うサラリーマン社長だと特にそう思うだろう。しかし、それは少子高齢化の問題ではない。少なくとも、マーケットでいえば、高齢者を対象とするシニアマーケットは拡大する。私の独断でも、シニアマーケットはむこう40年安泰だし、これからのやり方次第では、日本の国内マーケットは縮まないだろう。すでにインバウンドで観光業は活況を呈している。そもそも、今までの歴史を振り返ってもそうだが、一般的に30年も40年も先のことを真剣に考えて経営している会社は滅多にない。国だってそうだ。そんな先を見ている政治家も官僚もあまりいない。なぜなら、人間はほとんどの人が保守的で今のこと、自分の立場を中心に考える。安全に暮らすための人間の本能だと思う。

人口が減る問題ですら、日本が真剣に考えだしたのは、わずかこの数年だ。その10年以上も前に警鐘を鳴らしている人がいたとしてもだ。世の中、常にこんなものでもある。だから、気にする範囲ではない。しかしながら、メディアが少子高齢化をあおると、少子化と高齢化がセットで大きな不安要素になる。私は分けて考えればよいと思っている。少子化はそれほど問題だと思わない。そういうサイズに国が縮小しても構わないと思う。

いま、大事なのは、これからの高齢化社会をどう創っていくかだと思う。ところが、現状に目を向けると、日本のいたるところで、今の高齢者は中途半端な存在となってしまっている。少し大げさに言えば、人生が想定外に長くなってしまい、生きる目的が曖昧な人が増大している。残りのあまりに長い人生をもてあまし、さまよいだしているのである。

本書の目的でもあるが、アクティブなシニアに焦点をあてることで、日本全体を元気にしたいと本気で考えている。どんな世界もそうだが、お手本となる人がいることは、人生を歩むうえでは、ありがたい。まして、同世代で元気なシニアの存在を知り、接点を持つことは、自然と元気の輪を広げることになる。いまは、第一ステップとしてそれだけでも価値があると思う。

まとめると、高齢化を問題視しすぎ。むしろ、『チャンス』である。ビジネス視点で言っても、変革のチャンスだ。世界のお手本にもなる。昔から福祉国家と言われる北欧を目指すのか、はたまた、日本独自の進み方を見つけるのか。日本人としては、後者でありたいし、そういう目的も持ってこの本を書き進めていきたい。

高齢者は日本ではなぜ肩身が狭いのか?

高齢者と若者は常に何かと関連づけされる。私も都会でたまに電車に乗るが、高齢者と若者の縮図がここにもある。公共交通機関などのシルバーシートは、ずいぶん前から日本では常識で、そういう部分は先進的だ。しかし、バスでもそうだが、シルバーシートに普通に若者が座っていたりする。空いているときに座るのは合理的で必ずしも問題ではないと思うが、普通の席で高齢者が目の前に立ったときにどうするか、高齢者への思いを行動にすることが一番大切だ。

何事もアジアと比べる習慣の私は、日本は悲しい国になりつつあると思う。韓国やベトナム、アジアのどこに行っても日本より高齢者を大切にするし、思いやりがある。あの気遣いにあふれた慮る精神の昔の日本は一体どこへ行ってしまったのか? 昔は、家族同居が当たり前だった。生まれた頃から、おじいちゃん、おばあちゃんと密に接して育つ。親が忙しくても、おばあちゃんが子供を見ている家庭は多く、「おばあちゃん子」が多かった。私もそうだった。おばあちゃんによく小遣いをねだったものだ。だから、自然とお年寄りをいたわる気持ちも芽生える。親は厳しかったが、おばあちゃんは優しかった。自分が親になってはじめて気づいたが、教育、躾という意味でも自然とバランスが取れていたのだと思う。何よりも、そういう世代との付き合いが常にあると、昔の日本を常に知る、勉強する機会にもなる。「おばあちゃんの若い頃はね…」とよく昔話を聞かされたものだ。また自分たちが経験していない戦争のときの話もおばあちゃんから聞かされて育った。何回も聞いていると、めんどうくさい話でもあるが、大人になってから思うと、とても役に立つ。

昔に比べて、社会全体、特に若者の社会生活のマナーが乱れてきた。それにつれて、お年寄りを大切にする気持ちも薄れてきた。国民性でも何でもないと思う。ベトナムなどはまだまだ田舎育ちが多く、とても家族を大切にする。国が経済的に豊かに発展すると、どうもいけない。今の若者は、お年寄りと接する機会が少ないため、やむを得ないところもある。お年寄りとどう接したらよいかもわからないのだろう。

また、よく言われるのが、定年後の男性についてだ。悪くいえば、邪魔者扱いされることが多い。仕事場を離れると、まるっきりダメになる。そういう人は昔、立派だった人が多いように思う。働いているときは、会社の肩書きがあり、仕事の社会の付き合いがあった。部下もいっぱいいたかもしれない。突然それがなくなり、奥さんの世界、地域密着のコミュニティになるが、そう簡単にはなじめない。そういう日々が続けば、だんだんと燃え尽き症候群になる…。そして、表舞台から去った人のレッテルを世間がはる。ああ、なんともったいないない、と思う。

この本は、男性シニアだけにエールを送るわけではないが、昔からシニアの世界は女性が元気だ。本能的な性が違うということもあるだろうが、必要以上に男性がネガティブになる社会なのだと思う。男性シニアの課題といえば、よく言われるのが生活の身のまわりのことができるかどうかだ。炊事洗濯、掃除に買い物。私なんか、掃除以外は大好きというより子供の頃からやるのが当たり前だったため、今でも苦にせずできる。これからも気にならない自信がある。こういったことが、気持ち的にハンディにならないように、しくみの構築や取り組みが必要だ。シニアが堂々と生活し、活動できる社会に変わる必要があると思う。

データは今のシニアの元気さを証明している

仕事がらもそうだが、普通に生活していても、統計データやアンケートデータなどは意外と役に立つ。一番のメリットは思い込みを取り除いてもらえることだ。思い込みは、マイナスに作用することが多いし、老化を早める。

人間は誰もが思い込みをもって生きている。有名な書籍『7つの習慣』にも7つの習慣を実践するための前提条件として、この思い込みについて書いてある。情報過多の時代には、なにかと不都合なことが多くなる。羅針盤をしっかり持たないとメディアや人のうわさに振り回されやすい。思い込みは日本語では固定観念ともいい、英語ではステレオタイプと言う。国家レベルでも企業経営でも人間の習性である思い込みをなくそうと多くの試みがある。科学的見地も重要だ。典型的な例として、私が若い頃はスポーツの最中に水分補給することはよくないと言われていたが、今となってはちがう。

私は、シニアに関するテーマ、話題こそ、思い込みに支配されているのではと思っている。すでに書いたが、男性の例でいえば、40歳になった頃から厄年の話をはじめる。先行き何か悪いことが起こるのではないかと不安になり、じっとしていようと思うようになる。そして、お祓いにも行く。そうするうちに、必要以上に安全運転になり安定志向になっていく。私もその当時、家族にいわれて厄払いに行ったこともあるが、基本的に私はデータを重視する。だから、お遊びで雨男雨女の話題に参加することはあるが、基本的には、単なる確率だとしか思っていない。運不運も長い人生で見れば、少なからずあるとは思うが、短中期のことでは、運不運は平等な回数発生すると思っている。

例えばゴルフは典型だ。打ったボールがＯＢ（プレー可能な区域外）と思ったら、木に当たってフェアウェイのど真ん中。一方、会心のドライバー、フェアウェイど真ん中だと意気揚々と近づいてみれば、大きなディボット（くぼみ）にはまっている。はじめた頃はともかく、今の年齢になってゴルフでは一喜一憂はしない。単なる確率だと思っている。

本題のシニアの話に戻そう。まずはシニアは昔のシニアではないことは、データを見れば明確だ。記憶力が落ちるという話もよく聞く。だが私は全くそう思っていないし、最近の脳科学者の研究から、年齢を重ねてもそれほど記憶力は低下しないとわかってきている。一番記憶力低下に影響するのは〝40代ともなると記憶力が落ちる〟という思い込みだ。

最後にもう一つ付け加えたいのが、見た目年齢である。これも典型的思い込みの一因である。先日、昔の男性アイドル歌手が還暦でコンサートをバリバリにやっている姿をテレビで見た。見た目も若々しいのだが、昔の60歳だとあり得ないパフォーマンスである。やはり、今の波平は77歳だと思う面と、一方では、医学的にも形成外科的にも発達したものだとも感心する。しかるべき立場でしかるべき費用をかければ、見た目の若々しさは手に

データを知ると元気になる

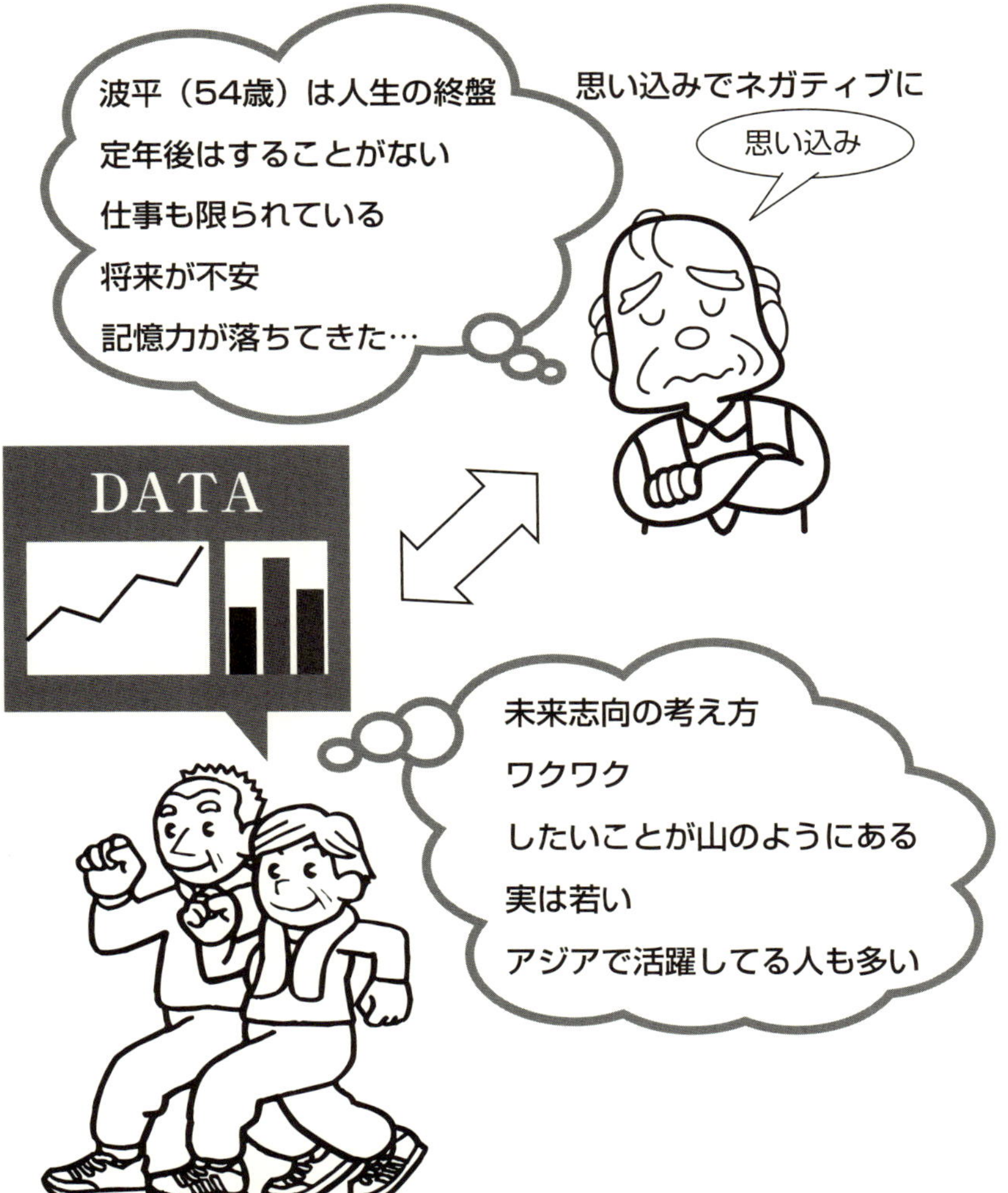
波平（54歳）は人生の終盤
定年後はすることがない
仕事も限られている
将来が不安
記憶力が落ちてきた…
思い込みでネガティブに
思い込み
DATA
未来志向の考え方
ワクワク
したいことが山のようにある
実は若い
アジアで活躍してる人も多い

入る時代だ。健康はお金で買える時代ともいわれている。

しかし、それは特別な目的があってのことで、一般の人は、そんな真似をする必要はない。見た目は昔の波平であっても構わない。重要なことは、いま心身がどうであるか？ 健康なのか？ 体の健康に気を遣うのは当然として、特にこれからのシニアに重要なのは、心が元気であることだ。体は人間である以上、衰えていく。しわも増える。筋肉も落ちる。ある程度の高齢で見た目が若いからというのは、あまり関係がない。心が病んでいたら意味がない。見た目に振り回されないことが一番大切だ。

それは、データが証明しているだろう。サプリ漬けで若く見せるより、心の健康の方が大事だ。しかも、心は人生のゴールまで成長し続けていく。常に自信をもってポジティブでいるためにも、ときとして有効な処方箋の一つが、正しいデータを知っておくことだ。本書を読んでいただくにあたって、ガイドラインとなる基本的用語とデータを次に示す。

高齢者とは……

日本を含めてＷＨＯ（世界保健機関）では**65歳以上**と定義

※日本における高齢者の枠組み

・６５～７４歳：前期高齢者

・７５～８９歳：後期高齢者

・９０歳以上：超高齢者

「高齢化」を示す指標

高齢化の社会定義	総人口に占める ６５歳以上の人口の割合	日本における 到達年度
高齢化社会	7%超え	1970年
高齢社会	14%超え	1994年
超高齢社会	21%超え	2005年

※超高齢社会に関しては、ＷＨＯや国連による世界的な合意形成は行われていない

日本の高齢者（６５歳以上）人口

・２０１５年…約３３９２万人（総人口１億２６６０万人の２６．８％）

・２０２０年…約３６１１万人（総人口１億２４１０万人の２９．１％）

・２０６０年…約３４６０万人（総人口８６７４万人の３９．９％）

キーワード

・平均余命…ある年齢からの平均生存年数

・平均寿命…出生時（０歳時）における平均余命

・健康寿命…日常生活に制限のない期間

・生産年齢人口…生産活動に従事しうる１５歳以上６５歳未満の人口

・人口ボーナス期…生産年齢人口の比率もしくは絶対数の増加の時期

・人口オーナス期…生産年齢人口の比率もしくは絶対数の減少の時期

高齢者（65歳以上）の雇用者数の推移

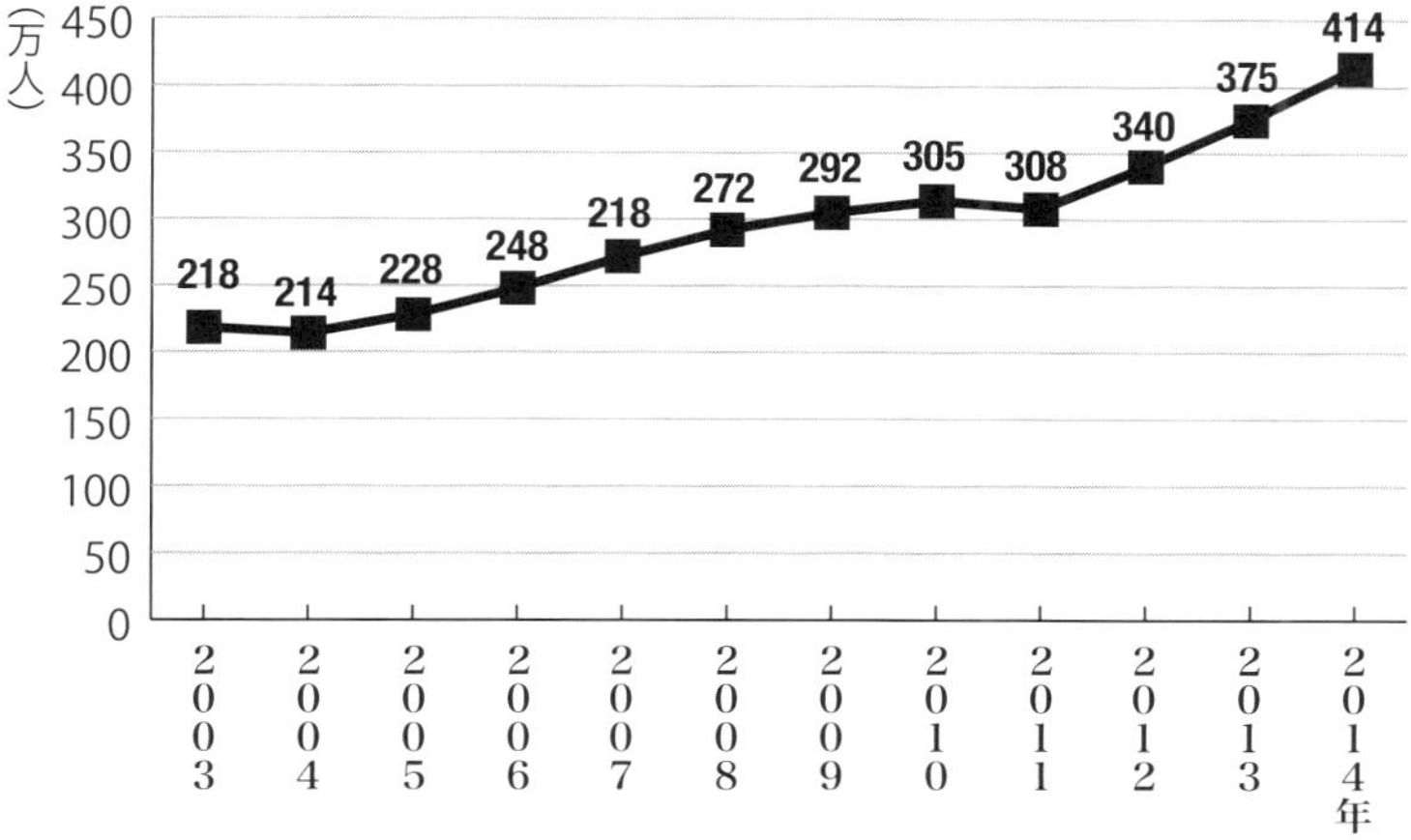

健康寿命の推移

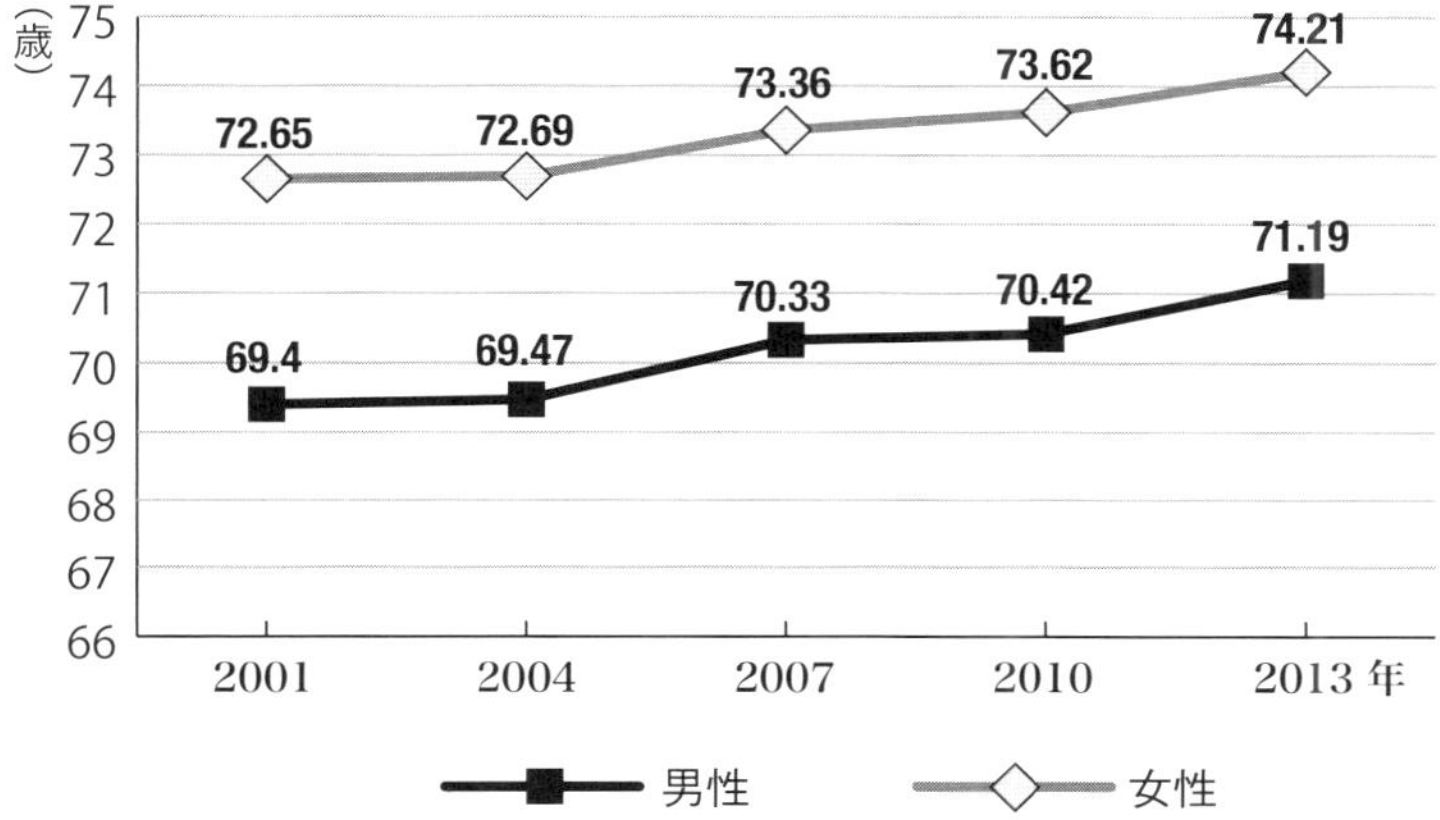

日本の総人口及び高齢化率推移（2015年より推計値）

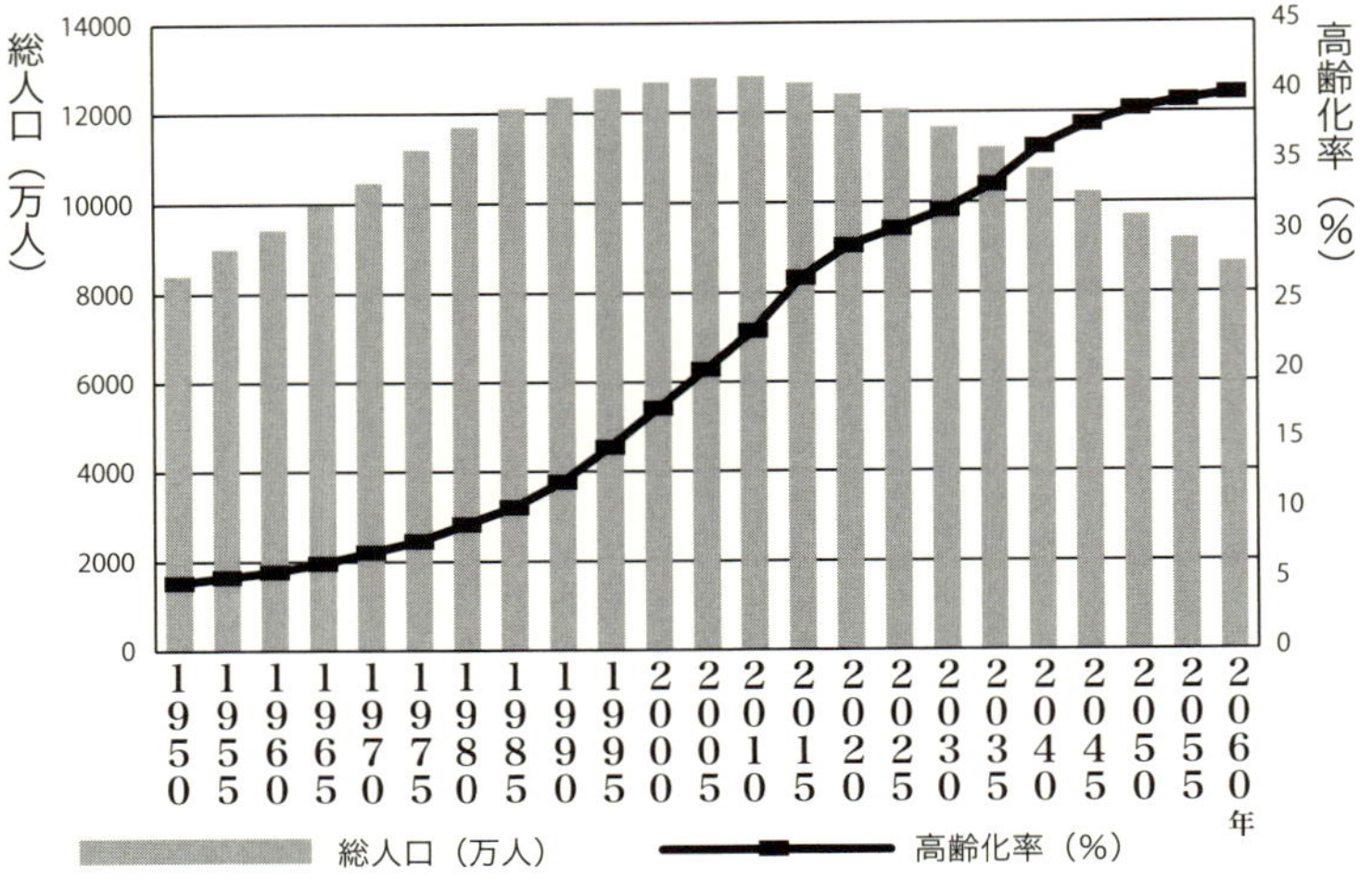

参考：平成２７年度版高齢社会白書より作成

平均余命の年次推移

（単位：年）

背景	年次	男						女					
	西暦	0歳	20	40	65	75	90	0歳	20	40	65	75	90
団塊の世代の誕生	*1947年	50.06	40.89	26.88	10.16	6.09	2.56	53.96	44.87	30.39	12.22	7.03	2.45
	1948	55.60	43.60	29.10	12.00	8.00	…	59.40	47.30	32.50	14.20	9.30	…
	1949	56.20	44.30	29.20	11.70	7.60	…	59.80	47.90	32.60	14.00	8.90	…
『三丁目の夕日』の時代 高度経済成長期	*1955	63.60	48.47	30.85	11.82	6.97	2.87	67.75	52.25	34.34	14.13	8.28	3.12
	1956	63.59	48.21	30.45	11.36	6.26	…	67.54	51.92	33.85	13.54	7.61	…
	1957	63.24	47.87	30.04	11.01	6.27	…	67.60	51.48	33.39	12.93	6.90	…
高齢化社会 （1970～）	*1970	69.31	51.26	32.68	12.50	7.14	2.75	74.66	56.11	37.01	15.34	8.70	3.26
	1971	70.17	52.05	33.42	13.08	7.54	…	75.58	56.99	37.85	16.00	9.23	…
	1972	70.50	52.33	33.67	13.25	7.57	…	75.94	57.28	38.11	16.17	9.26	…
高齢社会 （1994～）	1994	76.57	57.35	38.13	16.67	9.96	3.73	82.98	63.56	44.00	20.97	12.89	4.63
	*1995	76.38	57.16	37.96	16.48	9.81	3.58	82.85	63.46	43.91	20.94	12.88	4.64
	1996	77.01	57.71	38.48	16.94	10.25	3.83	83.59	64.13	44.55	21.53	13.40	4.95
東北大震災 （2011）	2011	79.44	59.93	40.69	18.69	11.43	4.14	85.90	66.35	46.84	23.66	15.16	5.46
	2012	79.94	60.36	41.05	18.89	11.57	4.16	86.41	66.78	47.17	23.82	15.27	5.47
	2013	80.21	60.61	41.29	19.08	11.74	4.26	86.61	66.94	47.32	23.97	15.39	5.53
	2014	80.50	60.90	41.57	19.28	11.94	4.35	86.83	67.16	47.55	24.18	15.60	5.66

注：１）*印は完全生命表による。
注：２）１９７１年以前は、沖縄県を除く値である。

参考：厚生労働省「平成25年簡易生命表の概況」より作成

シニアと呼ばれるとイヤですか?

改めて、高齢者をどう呼ぶか考えてみる。私は、仕事がらも高齢者の方々と多く接しているし、そういうテーマの仕事も多いので、高齢者のみなさんの世界には結構身を置いているといえる。実際、自分自身もその域に近づいてきて、自分ごととしても視界に入りつつある。

いま、高齢者の人たちは、自分自身がシニアと呼ばれることをどう思っているのだろうか。使う側と使われる側があるが、使う側としての私の場合、概ね65歳以上ぐらいの方を、シニアと呼ぶのがしっくりきている。だから、この本も〝シニア〟にした。実際に、シニア料金は東京ディズニーランドで65歳以上、ユニバーサル・スタジオ・ジャパンでも65歳以上で設定されている。(次頁表を参照)

シニアは英語で「年長者、年上、先輩」を意味するseniorからきている。別の言い方で、高齢者を表現する言葉にシルバーがある。シルバー人材センターはよく知られている。シルバーという英語に「お年寄り」という意味がついたのは、1973年に国鉄が高齢者や身体障害者向けの優先席を作ったときの座席の色がシルバーグレーだったためである。

博報堂DYメディアパートナーズ メディア環境研究所が発表した、高齢者に対する呼称のアンケート結果では、自分が呼ばれて違和感を覚える順番は1位「老人」、2位「お年寄り」、3位「おじいさん・おばあさん」、4位「高齢者」、5位「シルバー」、6位が「シニア」となっている。最近では、後期高齢者という役所が定めた用語があるが、なんとも湿っぽい。やはり呼び名は大切だ。米国では、25年ほど前に「ザ・ゴールデン・ガー

各サービスにおけるシニア年齢の設定

行政		
就職	ハローワーク　シニアワークプログラム事業	55歳以上
住宅	UR都市機構 シニア賃貸住宅	60歳以上
ボランティア	JICA　シニア海外ボランティア	40歳～69歳
免許	警視庁高齢者講習	70歳～74歳

民間		
航空	ANA シニア空割	65歳以上
遊園地	東京ディズニーランド　シニアパスポート	65歳以上
遊園地	ユニバーサル・スタジオ・ジャパン　シニアチケット	65歳以上
競馬観戦	JRA 東京競馬場　シニア席	65歳以上
相撲観戦	日本相撲協会　シニア椅子	60歳以上
野球観戦	阪神タイガース　シニア優待デー	60歳以上
温泉	箱根小涌園ユネッサン　シルバー割引	60歳以上
映画	TOHOシネマズ　シニア夫婦割引	60歳以上
通信	ソフトバンク　シニア割引	60歳以上

ルズ」というテレビドラマが流行り、高齢者をゴールデンと呼んでいる。ゴールデン、はさすがになんとも日本には馴染みそうにないが、いずれにしても必要以上にマイナスイメージがオーバーラップするのはよくない。

この本を書くにあたり、色々と意見交換してみた。やはり、シニアがしっくりくる。そして、アクティブなシニアこそが本書のキーワードになる。私は〝気づいてアクションする〟という意味のプロアクティブという言葉を好きでよく使うが、その意味を込めたアクティブシニアはシンプルでわかりやすい。元気で俊敏な感じを受けるからだ。さすがに世の中アクティブシニアだけにはならないだろうが、アクティブシニアが1人でも増えることを目指して、本書でも徹底的にそういう意味でのシニアを使いたい。そして、普及させてしまいたいと思っている。アクティブは、体の健康というニュアンスで連想しやすいが、私の定義は少し違う。私も53歳になると、長年の勤続疲労は否めない。ケアしつつも、何かと不具合がある。それが人間の自然の姿だ。私が特にこの本で伝えたいのは、アクティブとは常に〝気持ちがアクティブ〟な状態であることだ。だからこそ、呼び名も大切なのである。よって本書ではこれ以降、アクティブシニアという意味を込めて『シニア』と使うことにする。

知られざる元気なシニアの活躍

私も会社経営をはじめて20年を超えた。振り返ると月並みだが、それなりに色々あった。そんなとき、どうするかといえば、先輩経営者や成功した経営者の失敗談を励みにする。私は単純にこうとらえている。人間順風満帆な人はいない。人生山あり谷あり。上り坂下り坂。まさかの坂もある。こんなとき、人間みな根本は同じだ、と思うことが大切だ。

そしてもう一つは自分たちより先を歩んでいる人を知ることは、人生の羅針盤になってくれる。課題が山積する今のシニアの世界は情報過多も重なり、羅針盤を見つけるのが大変な時代だと思う。メディアの影響もあるし、思い込みもある。だからこそ、現時点で活躍するアクティブなシニアを数多く知ることは、とても勇気を与えてくれることだと思う。人間は活動をしていて、それが周りの人たちに影響し、反応があるから、人との交流が生まれてくるのだ。いわばアクティブであることによるダイナミズムに、第三者は何かを感じて、そこに価値を認めてくれるのだ。その意味で、シニアにとっては『アクティブであることが最大の価値』なのである。そんなことを思いながら、当社のビジネスで巡り合ったスーパーシニアの皆さんに、コラムとして登場いただいている。是非、彼（彼女）らの元気さを感じてほしい。

シニアの知恵と経験を宝の持ち腐れにしない

私のように長年企業経営をしているとシニアにお世話になることはとても多い。特に、中小企業のご支援を中心に業を営んでいると、お客様対応の現場でも、多くのシニアの存在がある。必ずいぶし銀の職人さんや現場の人がいるし、戦後たたき上げてきた中小企業の創業者はその代表だ。

中小企業は特に、創業者とともに、社員がほぼ全員高齢化に向かっている会社が多い。若者が中小を敬遠することが長く続いている日本では、当たり前の結果だ。そして、そういう中小の現場には匠の技、熟練の技を持った人が働いている。70歳半ばになってもいまだに現役の方もいる。「日本国中で自分しかできない技を持つ」国宝級の方と時々出くわすが、この人が引退したら日本の財産である、匠の技はどうなるのだろうかと心配になる。

農業でも熟練の職人が、日本のすそ野をずいぶん前から支えている。とてもこだわりを持ち濃い技を探求している。

当社は、日本企業の海外進出支援やベトナム人などのアジアの経営者が日本へ進出する支援も手掛けているが、外から日本を眺める、振り返る機会が一般的な会社より多くなる。大企業は、国レベルの経済発展には不可欠であるが、やはり、日本という国の知恵やノウハウは、中小企業の現場にあるのは間違いないと思う。

私は、今後、日本が海外に貢献し続けるには、日本の昔の経験、特に失敗経験から学んだカイゼンやイノベーションのノウハウが重要になってくると考えている。

今の30代前後の若手経営者も未来を担うという意味では、存在価値は大きいが、日本の昔を「伝える」、「活かす」という意味では、やはり、経験不足、体験不足である。日本国内では、役に立たないと思っていても、海外から見ればその知恵やノウハウは宝の山なのである。

人間は失敗から学ぶ動物だ。今の成熟した日本では、失敗経験はほとんどできない。社会や会社が常に安全運転志向ではいたしかたない。誰よりも、日本の失敗経験をしているのがシニアでもあるのだ。だからカイゼンのプロセスを知っているシニアの価値は大きい。また、日本のものづくりの現場では、匠の技の継承が国レベルでの大きな課題だ。誰が伝えるのかという問題も大きいが、誰に伝えるのかという問題がもっと大きい。一つの解は、東南アジアなどの海外に伝承することである。彼らは何よりもハングリー精神旺盛である。これは、日本の文化をどうするのかという問題とも密接なのである。

これからの消費はシニアと外国人が主役になる

インバウンドがにぎわっている。インバウンドとは、観光業において、海外からの観光客がやってくることである。特に中国人の「爆買い」が毎日のようにメディアをにぎわしている。「爆買い」は、つい先日2015年度の新語・流行語大賞にも選ばれた。しかし日本が大好きな人間として、私はいくら景気に好影響でも中国人などのこういう行動はあまり好きになれない。一方、台湾からの観光客は大半が親日でリピータが多い。日本政府観光局の発表によると、2014年に、台湾の人口10％以上の約280万人が日本を訪れている。当社のビジネスパートナーの簡憲幸さん（61歳）は、日本育ちの台湾人で超親日家だ。日本のことを心底好きな彼の話は色々なことを気づかせてもらえる。

高野山は、フランス人が大勢訪れる。兵庫県城崎温泉にはヨーロッパの人がたくさんやってくる。日本に単に買い物だけで来ることは嬉しくない。徐々に、日本の地方や文化にふれる活動を求めてやってくる外国人が増えている。おおいに期待したい。日本人の私でも知らなかったり、行ったこともないところへ行く人も多い。本当に日本を好きになってもらえる場所や文化は、実は地方が中心で、今でもこれからもシニアが主役だ。伝統芸能や、地方の魅力的な祭り、貴重な田園風景や古民家など、海外に対して魅力的なコンテンツや観光資源はたくさんある。

一方、縮小する国内マーケットの中で、有望なマーケットとして、人口が年々増大するシニアマーケットがある。まず、単純に考えると、いかにシニアに消費をしてもらうかという考えである。実際、政府もタンス預金ならぬシニア層の預金を消費に回すように仕向けていることもある。振り込め詐欺にはじまったシニアの財産をだまし取る輩も後を絶たないし、ますます、巧妙化している。考えてみたら、若い世代があまりがんばらず、お年寄りの蓄えを狙おうという意味では似たようなものだ。私はもっと、建設的なシニアマーケットを創造したいと思う。

私の同年齢で友人でもあるシニアビジネス創造のプロの村田アソシエイツ株式会社の代表、村田裕之さんが提唱するように、シニアが幸せに暮らす、不安なく安心して暮らすための健全なマーケットの創造が大事だ。そういう意味では、シニアみずからが自分たちのためにビジネスを創造することがベストだろう。シニアの気持ちを一番理解しているのはシニアである。

そして、これからのマーケットはシニアが主役の場所に、親日の外国人がますます増えるということになる。私の願望としては、そうなってほしい。海外から日本を眺める機会が多い私としては、日本に行く目的が買い物や食事だけではとても寂しい。このままだと、結局、商品が世界に有名にはなったが、何も知られていない日本、日本人と同じことになる。日本のこと、日本人のことを知ってもらうのが何よりも大切な時期なのだ。

例えば親日のベトナム人が、新潟を訪れる。豪雪の旅館に泊まり、スキーをして、夜は日本酒一杯情緒を楽しむ。その旅館の仲居さんは、80歳を超えたおばあちゃん。こんなおもてなしがとても日本らしいと思う。また、ヘルシーツーリズムも期待が持てる。田舎でシニアが元気で暮らす、これ自体が魅力的な観光資源にもなる。特に、ヨーロッパ人は大好きだ。

最近、ことあるごとに出くわすのが、私の出身地である徳島の「株式会社いろどり」だ。葉っぱのビジネスとして有名だ。しかし、将来の日本が進む道の1番のヒントとなる部分は、映画もつくり、インバウンドにも貢献しているという点だ。いわゆるスクリーンツーリズムだ。対症療法的な今だけの経済の浮揚策としてのインバウンド支援やビジネスの構築だけではなく、日本が世界に誇るシニアが主役の国となり、そこに親日の外国人が訪れる。こんな国を目指したらどうかと思う。

あなたの人生は何毛作ですか?

子供の頃に習ったが、二毛作とは辞書で調べると『一年間に米と麦、あるいは米と大豆というように、二種類の異なった作物を同一の耕地に栽培し収穫すること』とある。人生で言うと少し前までは、定年前と定年後ということになる。定年後はリタイアという時代が長かった。しかし私は、今までは、二毛作には当てはまらないと考えている。実際には昔から定年前でも転職を繰り返す人もいる。だが、会社員としての転職も、私の言う二毛作とは違う。東北経済産業局長の守本憲弘さんの共著に『人生二毛作社会を創る―企業ミドルの生き方改革による長寿社会の再構築』(2011年11月・同友館)がある。約3年前に、中小企業と人材のテーマで意見交換させていただいたことがあり、それがきっかけで守本

一毛作の人生はつまらない

今までは一毛作

これからは何毛作?

さんの著書を読んだ。ニモラーという言葉がとても印象に残った。定年前も後も働く。これが私の考える二毛作の基本である。

ここで働くという意味を考えてみる。家族を持ち、家計を支えている間は、働くには収入が必須だ。しかし、定年後、シニアになって、余裕のある人は、報酬よりもやりがいや生きがいを求める。内閣府が発表している「高齢者の経済生活に関する意識調査結果」においても60歳を超えると、「収入」よりも「経験がいかせる仕事」を選択する傾向がでている。また、社会貢献に力を入れる人もいる。必ずしも収入を得ることだけではなく、目的を持って活動し人の役に立ち、それが何らかの成果につながる。私は、これが働くことだと思っている。二毛作は、生涯現役という意味と同義語だと思う。江戸時代は、「傍（ハタ）を楽にさせるで〝働く〟」が主流だったようだ。シニアの働くもこれに近いと思う。

ところで、私自身どうなのかということも考えてみた。私は今が二毛作目だと思っている。会社員と経営者は全く種類が違うからである。

私の先輩でビジネスパートナーでもあるアドソル日進株式会社の上田富三社長は、とても驚く人生を歩んでおられる。会社員、創業、会社員、上場企業の社長。すでに四毛作だ。今も親しくさせていただいているが、上田さんの五毛作目もとても楽しみで、他人事とは思えない。

私の友人で、かつてベンチャー企業をＩＰＯ（新規株式公開）した櫻井富美男さんは、今は、一部上場企業、日本駐車場開発株式会社の取締役で経営メンバーだ。彼は今、三毛作目だ。同世代であり、お互いに東南アジアの未来に魅力を感じており、今後彼との20、30年はとても楽しみである。

大活躍のシニアを表舞台に、そして主役に

シニアになると謙虚になり、控えめになる人が多い。芸能人や有名人は別として、一般の人は、仮にむかし、メディアなどでとても目立っていた人でも控えめになる。

私はまだ53歳だが、少しずつ、その気持ちや行動がわかりだした。50歳というのは、それなりに分別もつくし、常識も身についてくる。何よりもその年にふさわしいかを考えだす。一般的に加齢とともに能力、体力が低下するように思われているが、加齢による低下が少ない能力があることは、あまり知られていない。「結晶性能力」といい、過去に習得した知識や経験が土台になる、専門的または個人的な能力である。東京都老人総合研究所では結晶性能力の研究を行っている。

社長業をやっていると、自然と今社長をやっている、やっていた人との付き合いが多くなる。むかし、金儲けしか考えていなかったり、社会の害になりかねないようなビジネスをしたり、とてもやんちゃなことをしていた人までもが、そろそろ人のためになることをしようとか、社会貢献しようと言い出すからこの年齢は不思議なものだ。

私はこう考えている。人間、バランスをとるような機能が働くのだと。私自身この先

は、ますます自然体でいきたいと思っている。シニアが増えてくるにつれシニア専用のメディアも増えてきた。新しい雑誌も登場している。男性週刊誌もシニアを意識した記事が多くなってきた。何やら恥ずかし気な特集も増えた。それだけシニアが元気だということだろう。いっそのこと、『シニアジャンプ』でも創ったら良いと思ったりもする。

しかし、今のところは、シニアマーケットで儲けだけ

シニア生活を豊かにするために

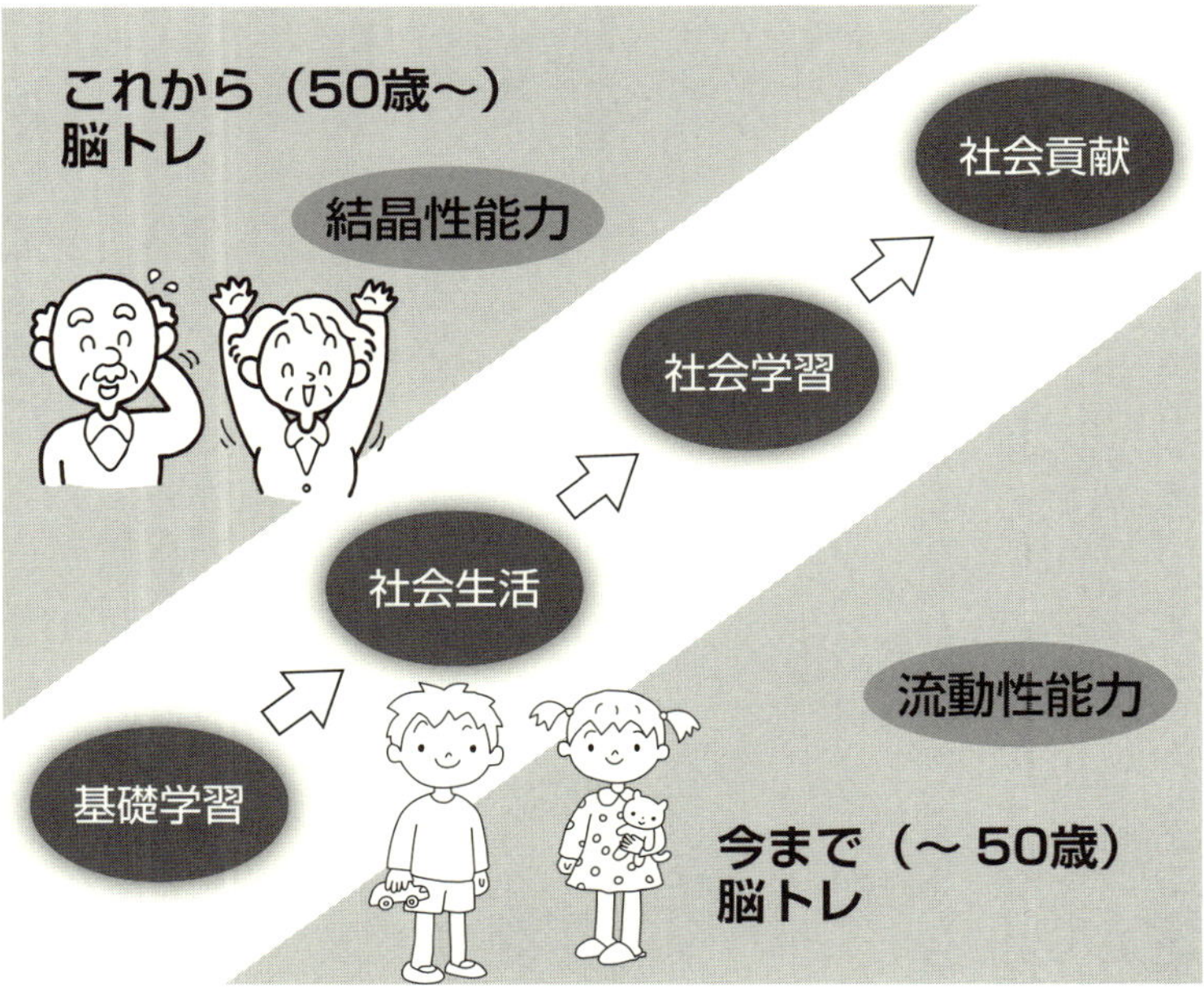

を意識しているメディアや企業の動きが目立つ。

私は、一つ大事なこととして、アクティブなシニアがもっと目立つことだと思っている。社会貢献で活躍する人、ＪＩＣＡのシニアボランティアで地球の裏側で活躍する人、新興国ミャンマーで地元の農業の発展と子供の教育に取り組む人、70歳を過ぎて起業する人などをメディアに露出させると良い。大活躍するシニアのことを、メディアが取り上げることは言うまでもなく、学校の教育の現場、日々の家族の話題、さまざまな日本の生活シーンで、シニアが話題になるような雰囲気やしくみづくりが必要だと思う。

それは人の力でできることであり、ここにＩＣＴを上手に駆使すれば、短期間で低コスト、低リスクでできることだと思う。私は30年ＩＣＴにも関わってきた。しかし、ＩＣＴが社会生活で大きな影響を与えつつある中、若くして短期間で成功したＩＣＴベンチャー起業家をはやし立てる雰囲気は今でも変わらない。子供たちの目標として、身近で挑戦するお手本が必要な時代ではあるが、短期間で成功することは必ずしも重要ではない。ましてこれからはシニアの時代。何歳からでもチャレンジするシニアが表舞台に登場できる世の中に変えることが一番重要だと思う。

私もたまたま、31歳で起業はしたが、振り返れば、本当に未熟だったと思う。今からが本番と思っているので、ワクワクしている。

私は、江戸時代に日本地図を作った伊能忠敬の話が好きだ。『何かをはじめるのに遅すぎることはない』。こういう価値観が日本全国に浸透したときに、高齢化社会は明るい未来になるのではと本気で思っている。

まずは、この本と連動したかたちで、アクティブなシニア77歳の方々の書籍と映像をウェブサイトで発信する計画である。期待していただきたいと思う。

第2章

アジアでもう一花咲かせませんか？

三丁目の夕日に再会できるアジア

『ＡＬＷＡＹＳ 三丁目の夕日』という映画が約10年前にはやった。舞台は昭和33年（1958年）、岩戸景気がはじまった頃の東京であり、象徴である東京タワーの建設中の映像がとても新鮮だった。日本の未来を誰もが夢見て、ワクワクしていた様子が見事に描かれている。悲喜こもごも、登場人物の人間模様が時代を実感させてくれる作品である。今や、日本は高度経済成長期を過ぎ、成熟社会への安定飛行に切り替えできるかどうかの時期にさしかかっている。シニアの方々と話をすると、高度経済成長期のまっただ中のまさに「三丁目」の話は皆さん大好き。

ところで、今の日本と当時の日本、どちらが良かったのだろうか？ ベトナムや東南アジア各国に滞在していると切実に考えてしまう。確かに、今の東南アジアは日本よりも貧しい国ばかりだ。不便であり、不衛生。今の日本の若者が、そのような国を敬遠するのは、ある意味仕方がないだろう。一方、シニアの方々は、皆一様に東南アジアにハマってしまう。かつての日本を懐かしんでいるようでもあり、元気になり、ワクワクした気持ちが爆発する方が多い。当時のノスタルジーもあるのだろう。

私は、徳島の中でも「ド」がつくほどの田舎で育ったため、三丁目の頃の東京は経験していない。お会いするシニアの方々に当時の様子を教えていただいて、イメージすることしかできない。コラムでも紹介している益山明さんは77歳。秋葉原の居酒屋で食事をしていた際に当時の様子を語っていただいた。

「貧富の差は今のベトナムぐらいはあったね。大学に行く人も珍しかった」

益山さんは45年もの間、日本の菓子文化の発展に貢献されて、そして、東南アジアに伝承する活動を始められた。後ほどコラムで紹介するが、その話は映画にもなりそうなくらいドラマチックである。

私自身も今のベトナムや東南アジアにいるととても元気になる。特に地方や田舎に出向くとそのことを実感する。数年前、ベトナム南部のカントーの水上マーケットを体験したときのことが、今でも脳裏に焼きついている。水上で暮らし、水上で商売する。その自然と調和して生活し、商売を行う様子を目の当たりにした。生きる力がヒシヒシと伝わってくる。

今の日本人は『生きる』ということを忘れてしまっているのではないか。そして常に何かに依存しながら生活しているのではないか。高齢化社会の到来で、正体のない不安が国中に漂っている。一方、まだまだ貧しく先も見えず、不透明ながらも今を生きる力が充満しているベトナムのカントー。もう一度、日本は『生きる』力を思い出す必要がある時期だ。だからこそ、生きる活力にみなぎっていた時代に活躍し、その時代を知るシニアの存在はとても大きいのである。

アジアの経営者はシニアを待っている

今、ベトナムの経営者たちは日本に真剣に学ぼうと考えている。当社も、ベトナムで数年前から「日本の経営に学ぶシリーズ」と称してセミナーや研修サービスを提供している。昨年、ベトナムの大手建設会社の社長に幹部の意識改革と現場の品質管理のレクチャーを依頼された。そのとき、真剣なまなざしで「サムライスピリッツを教えてくれ」と頼まれたのだ。

海外の経営者は戦後の日本の大成功の裏側には『サムライスピリッツ』があったと信じ

てやまない。しかし、今の日本を知っている私はその話を聞くと誇らしい反面、今の日本の現実はずいぶんと異なることも伝えなくては…と悩むこともある。我が社にしても、自信を持って全員隅々までサムライスピリッツを持った者ばかりがそろっているとは言いがたい。そして、同じ立場の人間として痛感するのは、『組織に情熱と変革を植えつける』のはそんなたやすいことではない。その結果、「任せてください」とふたつ返事で答えることに躊躇してしまった。結局、あれこれ考えた末、そのまま今の日本の実情を伝えることにした。失望をされるとしても、やはりその選択しかなかった。今の日本からは消えつつある、しかし、戦後復興の最中は間違いなくあった日本人の魂をベースにして、日本の経済成長のプロセスを教えることにしたのだ。

それにしても、なぜその社長はサムライスピリッツを求めているのだろう。私も東南アジアで本格的にビジネスをはじめた十数年前は、恥ずかしながら現地の経営者を低く見ていた。しかし、ここまでさまざまな経営者と接した結果、わかったことがある。それは、経営を志す人間はどの国であろうが考えることは一緒であるということだ。ベトナムの場合、日本人のように社員は働かない。しかし、それはあくまで「社員」の話だ。社長たちはどうか？　とりわけ創業系の社長は日本人の社長より働く方も多い。深夜であろうが、土日であろうが、現場を飛び回る。

この建設会社の社長は遠隔地の現場管理に課題を抱えていた。社員は休みを要求するし、定期的に家に帰りたがる。これでは、現場の進捗は遅延するし、士気も下がる一方だ。日本人の責任者ならば、そんなことはないだろう。しっかりと仕事の現場を優先するはずだし、無責任に現場を放り出すことはしない。社長がまだ駆け出しのエンジニアの頃、日本の企業と仕事をする中で多くのことを学んだという。接していた日本人の現場監督は前述したように、責任感があり、しっかりと役割をまっとうしていた。彼らには、この仕事に対する姿勢こそ「サムライスピリッツ」に映るのだ。だからこそ、ベトナム人社員にもその気概を伝えたいと考えるのだ。

こんな依頼を受けたとき、ベトナムで知り合った藤井孝男さん（61歳）の話を思い出した。藤井さんは、長年務めたパナソニックのベトナム法人の社長を退任され、その後は日越人材協力センター（ＶＪＣＣ）で現地の人への教育に尽力されてきた。藤井さんの話とは、日本でも人気を誇ったＮＨＫのドキュメンタリー番組『プロジェクトＸ』だ。ＶＪＣＣで学ぶベトナム人にこの番組を視聴させはじめたのは藤井さんだ。10年くらい前からこの取り組みをスタートさせているが、ベトナム人の若者が真剣なまなざしで、番組を見ている姿を教えてくれた。どの国にでも、本物は伝わるものだ、と改めて実感したことを昨日のことのように思い出す。

今とこれからの日本ではなく昔の日本が役立つ

ベトナムの人たちに日本の昔の工業地帯の写真などを見せて説明すると皆驚いた表情をする。噴煙を撒き散らす工場や汚染された河川の様子が写されたその写真を見ると、「中国ですよね？」と質問する人もいるくらいだ。当社は東南アジアでの農業ビジネスも支援していることから、農薬問題をテーマにお話しさせていただくことも多い。すると昔から、美しくて健康によく、美味しく安心安全な野菜や果物に囲まれてきた国と海外の方々は思い込んでいるのだ。美化されたイメージとは怖いもので、日本は昔から「パーフェクト」な国だと信じているのだ。

もちろん、私はそういう誤解を解きながらセミナーや研修を進めている。食品だけでなく衛生面、交通インフラ等、日本の品質管理などの技術を積極的に取り込みたいと思うアジアの経営者は多い。それほどまでに、日本という国の信用は高く評価されているのだ。

しかし、アジアの現場で現地企業の支援、農業や飲食店経営などの事業推進に携わっていると、これからの国の課題が明確になってくる。正しいことを教える人が不足しているのである。

一方、日本の経営者にも問題がある。それは日本の経営者自体が、日本の基準で東南アジアなどの国を見て、評価してしまうのである。まるで、「日本レベルの国でなければ、国として認めない」と言わんが如くである。だから、今の日本の最先端のノウハウや技術を持ち込んで、自分たちの都合で押し付け的な商売を組み立てようとする。「日本ではこの品質が当たり前」という持論をかざしたがる。その結果、その国では採算があわないと言い、また次の国への視察へでかける。まさに、「NATO」たちが増えているのである。

現地にいればわかることである。必ずしも今の日本レベルの品質やサービスが必要かというと、そうではないことに気づく。言うなれば、日本の昔、40年前の基準で十分なのだ。いや、逆に日本のその頃のノウハウや技術がアジアの地でおおいに役立つことに改めて気づかされるのだ。

アジアの地では中古機械が重宝される。例えば、日本の建機などは頑丈で、高性能だ。日本の中古はとにかく信頼されている。また、すそ野産業の育成に力を入れるベトナムでは中小零細企業の育成が重要課題となる。しかし、彼らはそのノウハウを持っていない。それらノウハウは日本の中小企業や職人の方々が持っている。難しい話は要らないし、最新技術が必ずしも必要にはならない。肝心なことはベトナムという国の成長段階にあわせたノウハウと技術を提供していくことである。相手のことを先に考えることを基本として、今ではなく昔のノウハウややり方に注目する。そうすると、ビジネスチャンスも多くなるし、中長期的なリターンも多くなる。

失敗を避けて通るのが当たり前になってきた日本の大企業やそれに影響されている今の中小企業はもう一度考えるべき

相手と自分と昔と今

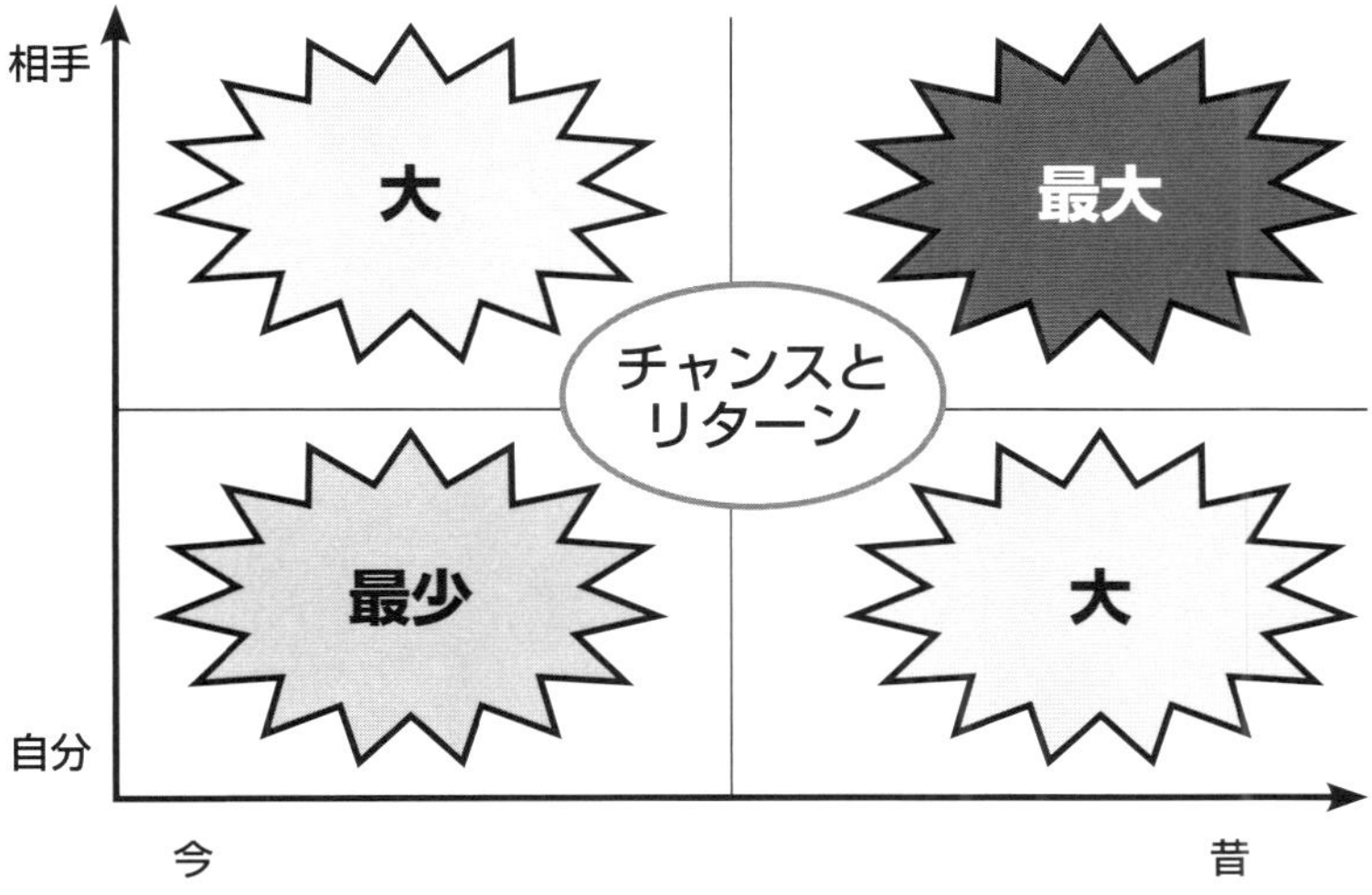

であろう。アジアにおいて昔の日本の失敗と成功がおおいに役に立つことを。そして、それを伝えられるのは、日本の戦後をつくり、支えてきたシニアなのである。アジアもこれからは、シニアが大活躍すべき時代を迎えているのだ。

なぜ、シニアはアジアでリスペクトされるのか?

すでに本書でも述べているが、今の日本を見るとシニアがリスペクト(尊敬)される機会がずいぶんと減ってきた。日本の未来を考えると、それはとても憂うべきことだ。ところが、東南アジアで長く生活をしていると日本のシニアが東南アジアでリスペクトされていると実感する場面に数多く出会う。私が日々お付き合いしているベトナム、タイ、カンボジア、ミャンマーの経営者は特に日本のシニアに対してリスペクトしている。

シニアがリスペクトされる理由を簡単にまとめると次のようになる。

- 尊敬する日本の代表ともいえる
- 高度経済成長期において日本を経済大国に導いた

・困難に負けない
・よこしまなことをしない
・志と使命感がある（サムライスピリッツ）
・経験とノウハウを学びたい（引退するのはもったいない）

これらの見方は、主には戦後の奇跡的な復興の歩みからきているものだろう。今のシニアはその時代の日本の代表である。だからこそ、日本は総じて信用されている国にはいる。私は、このことを「シニアは信用ビジネスの代表選手」と定義して企業支援の現場で伝えている。まさに「信用＝シニア」なのである。

とはいえ、最後の「経験とノウハウを学びたい（引退するのはもったいない）」は少しニュアンスが違う。それは、経営者目線における合理的な話になるが、シニアはコストパフォーマンスが良いという意味も含んでいる。現役世代の人材に比べると、シニアは年金などのベースがあれば、比較的リーズナブルな報酬で戦力にできると経営者は考える。東南アジアの経営者もしたたかではある。

しかし、まだまだ日本人のことは東南アジアではわかってもらっていない。漠然とした

シニアは信用ビジネスの代表選手

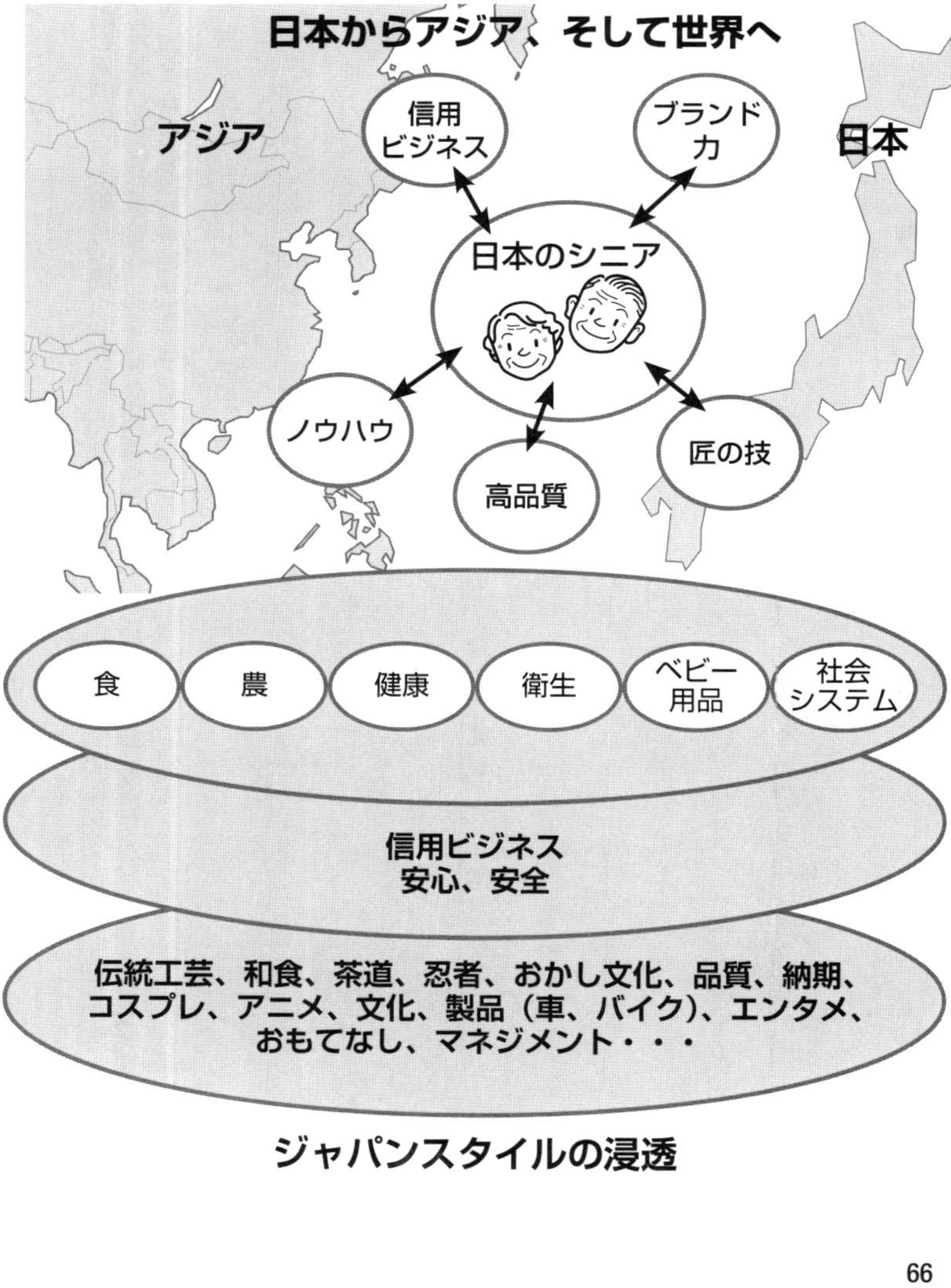

尊敬はあるが、具体的な日本人の存在としてはごく一部にしか伝わっていないのである。なんともったいないことか。日本が積極的に自分たちのことを伝えてこなかったことが大きな要因であろう。今の結果は残念だが、自業自得ともいえる。東南アジアにおいては、韓国や中国、台湾などに比べ、日本の存在感は薄い。

せっかく、シニアがリスペクトされているのだからシニアがアジアで活躍する機会としては、絶好のチャンスである。特にベトナムは長い戦争を経験している。だから、戦争から立ち上がり、経済大国へと駆けあがった日本には特別な想いがあるのだろう。彼らは、日本と自分たちをオーバーラップさせて考える。日本人のマインドや行動をお手本にしたいという話はベトナムのシニアからもよく聞く。約10年前にお会いしたホーチミンにあるドンズー日本語学校の校長のグエン・ドク・ホエさんは、日本の住まいの内装は素晴らしいと絶賛していた。ベトナム人は日本人からその技術を教えてもらうべきだと熱く語っていた。今でも鮮明に覚えている。

また、日本人に対するリスペクトはメディアを通じても発信されている。例えば、東日本大震災の際の被災した日本人たちがとった行動である。みずから甚大な被害に遭っているにもかかわらず、「まず他人のことを考え、秩序を重んじる」姿を見て、感動したとい

全世代がアジアで活躍できる時代？

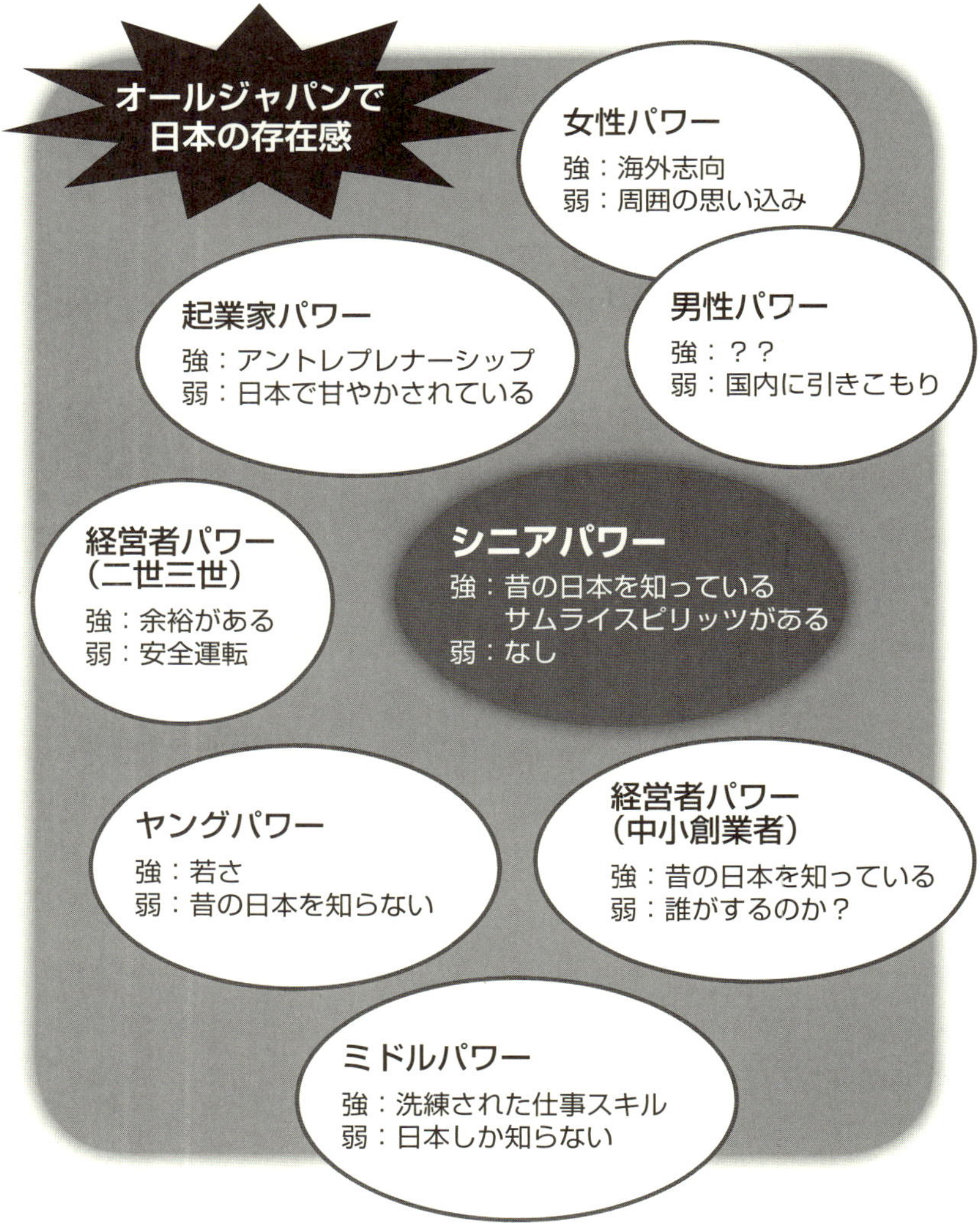

う話を何人ものベトナム人から聞いた。

日本がリスペクトされればされるほど、日本という国の矛盾に頭を抱えてしまう。アジアではあれほどリスペクトされるシニアだが、日本ではその傾向が薄れてきている。一方で、ベトナムなど、東南アジアの国々は日本より経済発展が遅れているゆえに都市化もまだ進んでおらず、核家族化が進行していない。だから家族を大切にするし、お年寄りとも同居しているケースがほとんど。ゆえにシニアを大切にする。

そこで、ふと考えてしまう。こういう国で日本のシニアが第二の人生を歩むとしたら、実はとても幸せなことかもしれない、と。

タイにはジャポニカ米を作り出した伝説の人がいる

私は、東南アジアの中でもタイは特別な国であると思っている。最近、物騒な爆破事件や洪水で世界を騒がせて記憶に新しいが、以前からどこかマイペースで余裕を感じる国である。実際にタイは近隣のミャンマー、カンボジアに比べても経済的に発展していて、豊かな国であり、アジアの中でも親日国のひとつだ。医療水準も高く、チェンマイなどには日本のシニアも数多く定住している。また、経済的にはトヨタに代表される自動車産業の集積地として知られ、今では世界の工場としても大きく発展している。アジアにおいては、工業立国として成功事例に常に登場する国である。そんなタイは、知る人ぞ知る農業立国でもある。タイの農業政策はずいぶん前から、世界への一次産業品の輸出戦略を重点的に多くの取り組みを実施してきた。灌漑施設が整備された地域では，コメの二期作，三期作も可能になるなど、２０１４年に世界で一番のコメの輸出国になった。

そんなタイでは、実に多くの日本のシニアが農業を営んでいる。タイでは、ジャポニカ米はタイ人に普及している。それと相関するように、日本食レストランはバンコクで約２０００店舗以上あるといわれている。日本の食の存在が東南アジアで一番身近に感じられる国であろう。

ところで、タイでジャポニカ米を誰が最初に作りはじめたのか？　実は、私がジャポニカ米の存在を知ったのは10年以上前のことだ。何人かの現地の日本人長老の話をたどっていくと、伝説のシニアの存在を知ることになった。ある意味、パイオニアでありチャレンジャーである。しかし、いつの時代もどこの場所でもその国のことを想い、その国の農家のことを想い、少しでも豊かにしてあげたいという一心で農業の発展に貢献する方がいる。

ブータンならば西岡京治さん、台湾では八田與一さんは有名である。彼らも、その国に尽くしたい一心でみずからの経験とノウハウを惜しむことなく現地の人々に伝えた。そして、農業を劇的に発展させた。

農業は貧しい国を豊かにする最良の産業である。こういう活躍を数十年前からされてきた日本人が少なからず存在することを知り、私たち日本人は誇りに思うべきであろう。

職人が消える日が近づく日本

日本の職人は産業発展のすそ野を支えてきたと言っても過言ではない。今でも地方の地場産業の世界は職人で支えられている。陶芸家や炭焼きの職人、農業も職人の世界だ。中小製造業の工場の熟練工も職人である。あらゆる産業のすそ野には職人がいて、発展を支えてきた。彼らの持つ匠の技は外国人から見れば尊敬と驚きの対象であり、日本の文化の象徴ともいえる。

今、日本国内の建設業界は好景気に沸いている。リーマンショック後の建設業界の惨状を考えれば雲泥の状況である。好景気の背景には東日本大震災の復興需要に併せて東京オリンピックの特需がある。リーマンショック後に不本意ながら廃業した中小零細建設業企業の数は相当数ある。そのときに、仕事を捨てざるを得なかった職人がたくさんいる。それまでは、ピーク時には約680万人を超える就業者を抱えていた建設産業は縮小の一途をたどっていたのだ。そして、年々深刻化する現場職人の高齢化も進行し、まさに建設業界は瀕死の状態であった。ところが、前出の特需が重なり、今では現場が回らないほど人手不足に陥っている。結果、建設工事費の高騰につながり、大手ゼネコンは空前の好決算となっている。日本中で現場職人が不足し、結果的に建設費が高騰しているのだから、世の中はおかしなしくみでまわっていることを実感する。

しかし、短期的とは言え、この空前の人手不足はどうやって解決できるのか？　深刻な人手不足を解決するべく、国は迅速に研修生制度を変更した。建設業界の研修生受け入れを使いやすくするためだ。その結果、今では建設現場で働くワーカーを求めて、大手から中小企業までベトナムなどの国に殺到している。今、人手が必要なのは理解できるが、これは多くの問題をはらんだままの研修生の急増という事態であることに気づいている人は意外と少ない。

建設業はリスクが伴う。事故が起こってからでは遅い。私は、人材不足に対して、低賃金で研修生を労働力として使う（正確にはそういう制度ではないはずだが）、今の短絡的な制度の運用に警鐘を鳴らし続けてきた。そして、中長期的な相互の国の発展に向けての人材育成の分野で貢献できるところをビジネス化しようと考えてきた。（そのときのビジネスのイメージが下図「職人が消える日を解決するビジネスモデル」だ）日本の職人の減少はなにも建設業界だけの問題ではない。しかし、建設業界の職人の世界は特に深刻な事態に陥っている。この業界ではロボット化が容易に実現できるわけでもない。

職人が消える日を解決するビジネスモデル

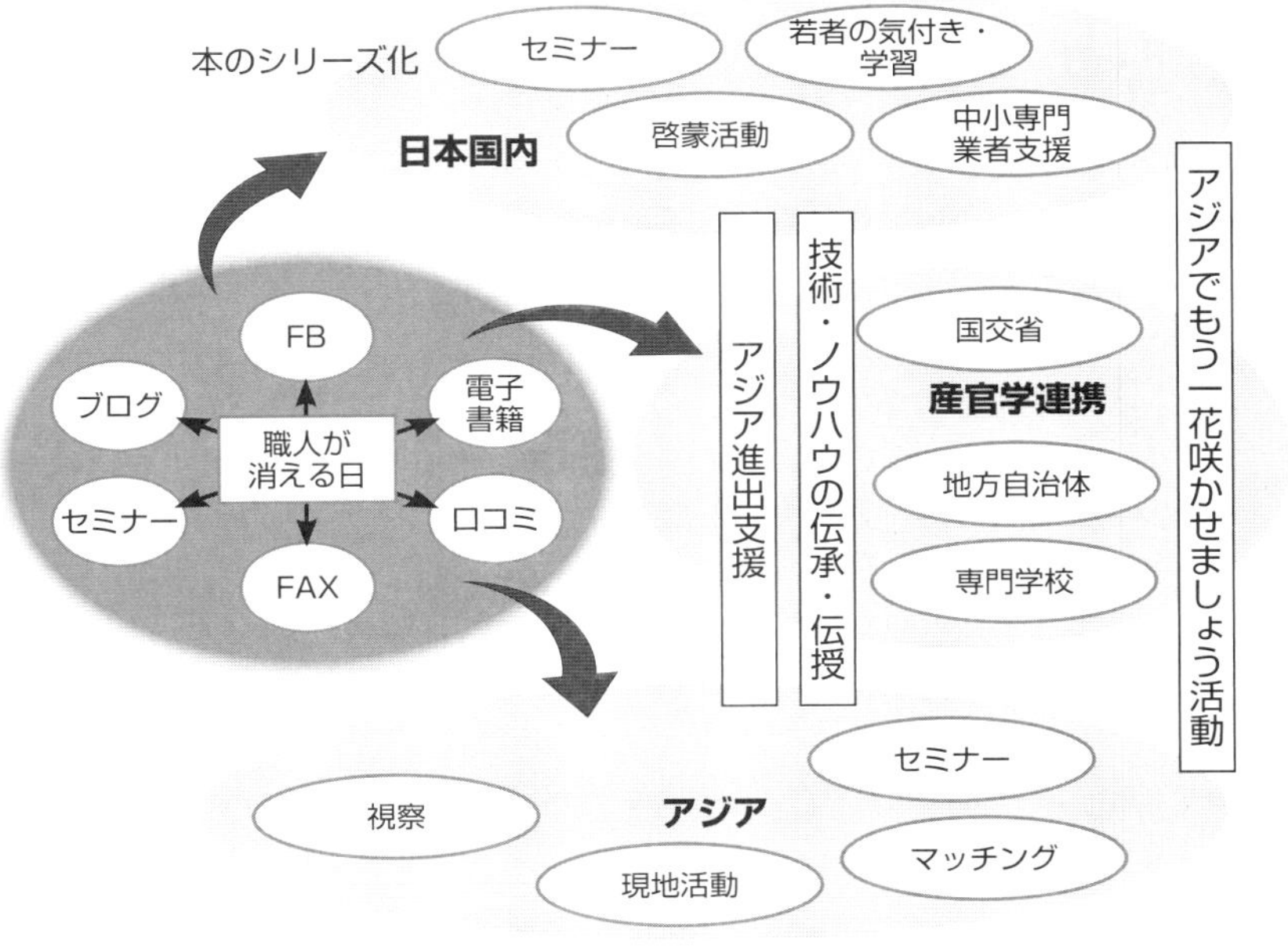

鳶職、鉄筋工や大工など、熟練を要する仕事が多い。まさに匠の世界なのである。

急場しのぎで、準備もろくにせず、日本に連れてきた問題は必ず後々顕在化するであろう。しかし、このような短絡的な日本側の不備を見抜いたのか定かではないが、志あるベトナム人経営者の多くが立ち上がっている。ベトナム現地で建設職人を育成する学校などを開校しはじめたのである。とても良い動きだと思う。日本のODAの資金も割り当てられている。このような教育というソフトにODAがむかうのはとても良いことだと思う。早晩、日本の職人は高齢化の流れの中で、減少を続けていくことは避けられない。今のうちに、相互協力のしくみづくりを進めておくことは大切である。単なるワーカーとしてではなく、日本の職人の匠の技を海外に伝承するという意味においても重要な動きになる。

このような取り組みに日本のシニア職人の活躍の場がある。日本への研修生や留学生に教える。あるいは、現地にシニアが行って技を伝授する。どのような形でも構わない。第一歩を踏み出すことが肝心なことである。

現地で定年退職、やり残したことが山のようにある

日本ではすでに定年を70歳に規定する企業が数多くある。しかし、本項では定年を従来の60歳として以下の話を進めたい。

アジア諸国に赴任して、定年間近になると普通は日本に帰国する。派遣する企業も基本的にローテーションで人事を組み立てている。しかしながら、日本に帰らず、アジアに残る日本人シニアも多い。各国でそのようなシニアの方々に数多くお会いした。それぞれに理由があるだろうが、一番多いのが「この国に貢献したい」という純粋な動機で滞在を続けているシニアたちだ。一方で、「日本に帰るとつまらない。一気に老け込みたくはない」と漏らすシニアも多い。

今、ベトナムの大手3社に入るほどの建設会社の副社長として、現場の品質改善などに尽力されている方が田中周二さん（65歳）だ。某中堅ゼネコンのタイ現地法人の社長を最後に退職した。その後、ベトナム人社長に請われ、ベトナムの建設業の発展に寄与すべく精力的に活動されている。ベトナムには奥様と住み、日々、若手ベトナム人に対しての施行管理向上と育成に貢献されている。海外経験豊富な田中さんの話はとても純粋でロマンティックなものが多い。情熱家の田中さんこそ、現地の若者を育てるのにピッタリなのだろう。アフリカ赴任の際は、水平線の夕日を見て、奥様のことを思い出し、涙したこともあると言う。こんな純粋な方が、第二の人生を奥様と現地で暮らしながら、ベトナムの発展に貢献している。本当に素敵なことだと思うし、アジアにはこういう機会が少なからずあることも日本のシニアにも知ってほしい。ぜひ、コラムで紹介している方々の例も参考にしていただきたい。

とはいえ、現実的な話もひとつ付け加えておきたい。皆が田中さんのようなシニアばかりではないという事実である。日本に帰りたくない情実的な理由がある人も当然いる。日本では窮屈な毎日が待っている。帰国するよりも現地で第二の青春時代を謳歌したいというパターンも意外と多い。ビジネスという視点で見れば、アジアで起こっている事実を知るという意味で重要なので付け加えておいた。結果として、現地で生活していくために産業の発展や人材育成に貢献している人もたくさんいる。皆さんがどう思われるかだが「事実は小説より奇なり」である。１００人いれば１００人のストーリーが生まれる。

アジアの人材育成はシニアに任せるのが一番

日本企業の提供する商品の品質やサービスレベルが高いことは、すでに東南アジアの現地企業の若手社員でもよく知っている。消費者として日本の商品を見ているから当然だ。また、頭でっかちの現地学生もよく日本のことは勉強している。そして、進出したての日本企業は自信満々で日本の品質向上やサービス向上のやり方を導入しようとする。至極当然の流れだ。

しかし、一筋縄ではいかない。知ることと実践することのレベル差はとても大きい。進出して時間が経つと、日本の企業も現地でもある程度の妥協は念頭にできつつ、気長に段階的な品質改善やサービス力向上に取り組むようになる。そして、ベトナムやタイでもそういう現場で5Sやカイゼンの指導に取り組んでいる日本人シニアは意外と多い。JICAのシニア指導員の活躍の場とも近いだろう。

また、最近は、特にベトナムなどの東南アジアから日本へ留学や研修で来日する人たちが急増している。日本に来る前の人材育成にも自然と力が入る。教育の質は商売としての差別化に直結するため、例えば、今やベトナムでは送り出す側の人材紹介企業も真剣に取り組むようになった。この分野は外資が簡単に参入できる分野ではないためみずから教育に取り組むしかない。そうすると、教育の水準はベトナム経営者の考えや力量に左右されることになる。

当社もベトナムで人材大手企業のサービス研修、幹部研修なども引き受けている。その顧客が運営する日本語学校の校長が日本のシニアだったりする。前述したとおり、何よりもシニアは尊敬されるし、教え方が上手い。若い国の若い人たちに対する愛情も深い。どこにいってもシニアは重宝されるのだ。

当社のベトナムビジネスの事業パートナーであるＮＯＳＣＯ社のミン社長は32歳であるにもかかわらず、とても優秀な経営者だ。日本で、日本的な教育を徹底的に受けてきたひとりだ。教育のノウハウや日本の仕事のやり方は日本での修業時代に覚えたと笑いながら話す。ミンさんも教育センターに日本のシニアを活用している。彼と話していると、大事なことが理解できる人間は国の境は関係ないと実感する。

ベトナムもようやく変化の兆しを見せはじめている。10年前ならば、人材教育の話などまるで「砂漠に水を撒く」ように、誰も興味もなく、見向きもされなかった。しかし、ベトナム人の多くの経営者が、教育の大切さに気づきはじめた。そのきっかけをつくった第一人者こそ日本人なのである。下地ができつつあるこれからは、シニアの方々はさらに日本の昔を教え、躾や道徳を教え込むことができる。これは当社での教育サービスのポリシーでもある。ベトナムでもいよいよ本格的なカイゼンブームが到来している。ますますシニア人材の需要が急拡大するのは間違いないだろう。

しかし、一つだけ最後に言いたい。アジアで活動されるシニアの方にひとつ気をつけていただきたいことがある。それは、「上から目線」で威張りちらす態度をとらないことである。日本人から見れば、教育の文化もまったく異なる。いわば、現地の社員も日本の中学生と同じように対応しなければならないシーンも多い。子供を教えるように気長に構えるくらいの気持ちの余裕が大切なのである。

実はアジアにも高齢化が迫っている

日本人にとってアジア各国は「若い」という印象がある。現地で街中を歩くだけで日本との違いは一目瞭然。10～20代の若者が多い。例えば、実際にベトナムでは人口の平均年齢は30歳前後である（日本は46歳前後）。街中を闊歩する若者が多いのも当然である。

しかし、「若い」はずのアジアも実は「老い」がはじまっていることは意外と知られていない。国が老いていく要因はさまざまである。大きな要因は、出生率と平均寿命、そして過去数十年にわたるベビーブームなどの人口ボーナス期の変遷にある。日本はこの要素のバランスが大きく崩れはじめたため、極端な高齢化社会に突き進むことになった。しかし、これはなにも日本だけに起こっていることではない。工業化が進み、経済と文化が成熟した社会であれば着実に「老い」の現象は浮き彫りになる。

例えば、日本の高齢化率は２０１４年に26％だが、イタリアやドイツでも日本に及ばないものの高齢化率20％を超え、欧州では深刻な問題となっている。アジアでは、日本に次いで、香港、韓国、台湾、シンガポール、北朝鮮、中国の順で高齢化率が高い（GLOBAL NOTE 2015より）。現実に韓国、台湾、香港、シンガポールの合計特殊出生率は日本よりも低い水準にある。アジア全域で高齢化が着実に進行している証左ともいえよう。国連の「World Population Prospects: The 2008 Revision Population Database」（２００８）では、中国でも２０１５年から生産年齢人口比率が減少し、インドも２０４５年をピークに減少に転じると報告されていた。その予測が的中したのか、最近になって中国は一人っ子政策を廃止し、二人っ子政策に転じた。果たして少子化の歯止めになるのか。日本ほど顕在化していないが、アジアは確実に老いているのだ。

発展途上国の経済発展には人口の影響が大きい。例えば、日本においても戦後の経済成長は第一次ベビーブーム（団塊の世代）の人口ボーナス期を弾みにして成長を遂げた。国

アジアの高齢化の推移

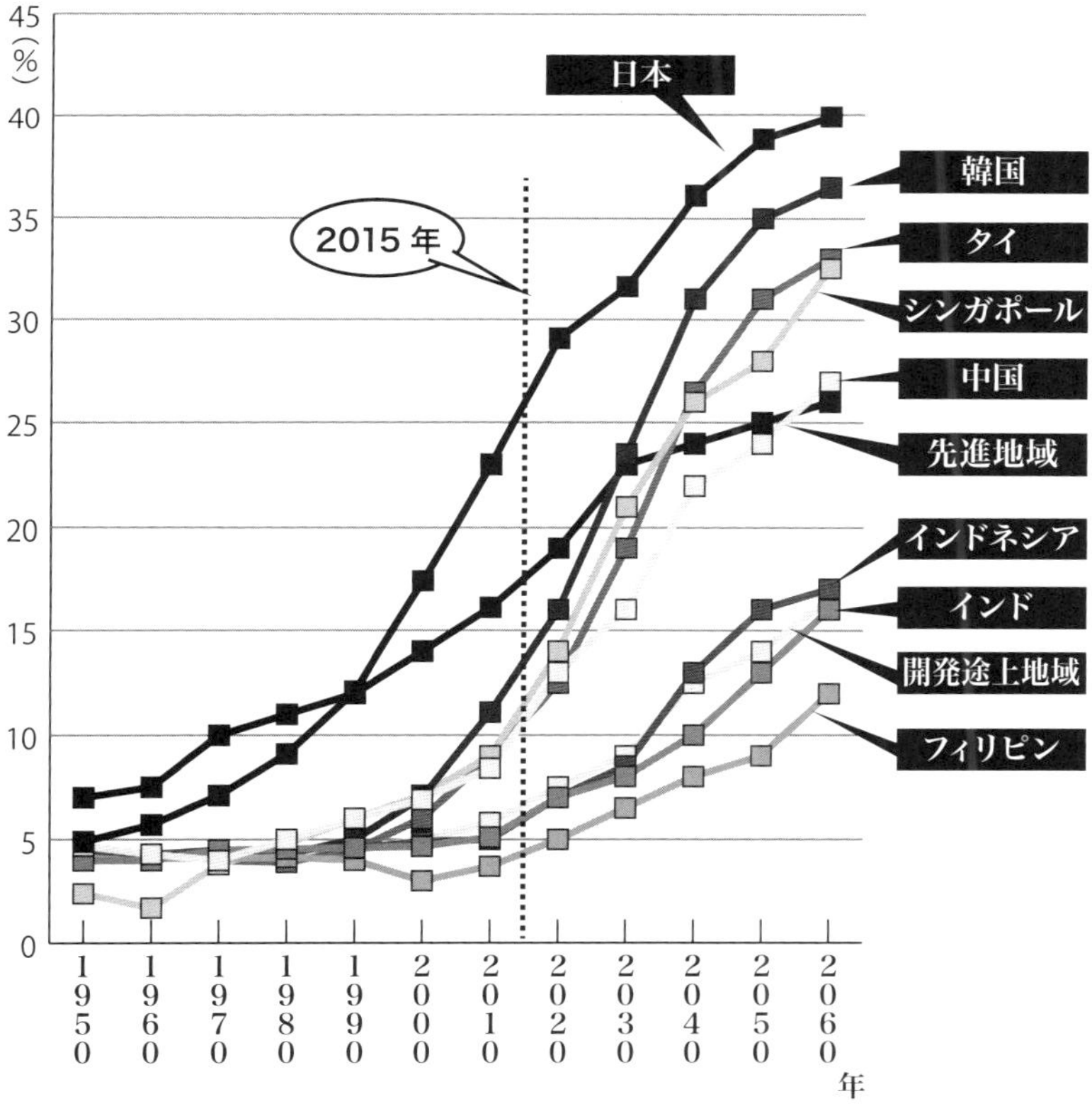

参考：内閣府「平成２７年度高齢社会白書」より作成

（注）

・先進地域とは、北部アメリカ、日本、ヨーロッパ、オーストラリア及びニュージーランドからなる地域をいう。

・開発途上地域とは、アフリカ、アジア（日本を除く）、中南米、メラネシア、ミクロネシア及びポリネシアからなる地域をいう。

家のGDPを押し上げる要素として必要なのは、国全体の総合労働力である。人口を増加させながら、産業を育成し、経済力を拡大させていく。併せて労働者所得を向上させ、内需に厚みを持たせていく。中国やインドもその道をたどっているし、インドネシアもベトナムも、将来のミャンマーもすべからくこのような経済成長のプロセスを歩む。

現在のアジアの多くの国々は労働人口に厚みが増し、海外からの投資も大規模に引き受けられる状況に差し掛かっている。それにより、所得も向上し、テレビや洗濯機が一般家庭でも購入できるくらいに内需も拡大していく。どこかで聞いた話ではないだろうか。そう、まさに日本の昭和30年代の風景である。すでに紹介した「三丁目の夕日」の世界だ。

では、国が老いるとは経済的にどのようなことなのか？　出生率が減少し、人口の先細りが現実化していく状況だ。高齢者が増え、国を支える労働人口が減少していく。まさに日本が直面している状況ともいえる。人口に頼った集約的産業はその価値を失い、その存続すら危ぶまれる状況になる。日本はすでに人件費は世界トップクラスである。国がたどった歴史は異なるが、シンガポールも同様である。すでにモノづくりの現場が中心ではない。情報産業の必要性が増していくことは世界の先進国の現代史を紐解けば明らかだろう。ゆっくりとだが、着実にアジアでもその兆候を見せる国が現れはじめるだろう。

日本のシニアの方々の活躍の場はまさに今の東南アジアがピッタリである。日本人が昔歩んできた道ともいえる。しかし、30年後も同じ光景が広がっているかというとそれはわからない。しかし、そのときのシニアもまた自信を持っていたい。そのときの日本こそ、高齢化社会の中、新たな価値を見出し、生活の質を向上させることのできた世界で唯一の国である可能性が高い。そのことを世界に伝える役割も、また生まれてくるはずだ。

クールジャパンはシニアも主役になるべし

クールジャパンとは日本の文化やライフスタイルの魅力を付加価値に変え、『日本の魅力』を海外に発信する事業展開のことである。経済産業省が音頭をとり、民間ビジネスとのつなぎ役としてさまざまな事業やプロジェクトを稼動させている。

このクールジャパンは、従来は欧米などに向けての情報発信が多かったが、最近は東南アジアに向けてのものが多くなってきた。日本の存在感の薄い東南アジアでこそ、こういう活動や取り組みは効果的なはずだ。日本のファンが増えなければ、日本企業の商売は潤わない。ベトナムなどは親日国ではあるが、韓国などと比べると日本の存在感はないに等しい。

例えば、ベトナム人が沖縄に観光にいく人数よりも、その先の韓国の済州島にいく人間の数が圧倒的に多い。理由は簡単だ。済州島をテーマにしたドラマや映画などがベトナム国内で計画的に放映されているからだ。日本発の『花《はな》より男子《だんご》』というドラマの話を聞いたら笑ってしまった。ベトナム人に聞いたら「韓国版を日本が真似したのでしょ」と言われた。実は韓国版が韓国で放映された後、ベトナム語に翻訳されベトナムで放映。それが大人気という結果に。韓国は国策で海外へのコンテンツ戦略を推進していることは有名である。それと比して日本は何もしていないに等しい。そんな状況の中でクールジャパンに起死回生を期待する声も大きい。

とはいえ、クールジャパンは常にメディアでも賛否両論である。税金の無駄遣いと揶揄する人もいる。韓国は相思相愛の関係をつくるため、長い時間をかけてアジア各国でラブコールを送り続けてきた。このラブコールはドラマ、映画、広告などの情報発信全般である。クールジャパンも突き詰めると、このやり方を倣うということになろう。みずからPRすることの大切さを、これからの日本はもっと知るべきなのだ。

このクールジャパンが日本の最大の課題のひとつである地域再生、地方の活性化と相まって、地方と海外をつなぐという動きも昨年ぐらいからはじまった。このことについてはおおいに賛成である。地方活性化、インバウンド、匠の技、職人、伝統工芸、日本の文化、日本の祭りなどなど。実はどれもシニアが主役である。クールジャパンというとアニメやコスプレに代表されるように若者が中心と思われがちだ。そうではない。シニアの存在そのものがクールジャパンである。

例えば、お遍路といえば、シニアの世界のイメージだ。「お遍路」は四国観光の重要な資源になっている。そこに、お遍路をテーマにした『おまいりんぐ』というアニメも生まれている。温故知新という言葉こそ、クールジャパンを進める上で日本人が忘れてはならないことだと実感する。もっと、シニアとクールジャパンを近づける企画を生み出していきたいものだ。

クールジャパンはシニアも主役になるべし

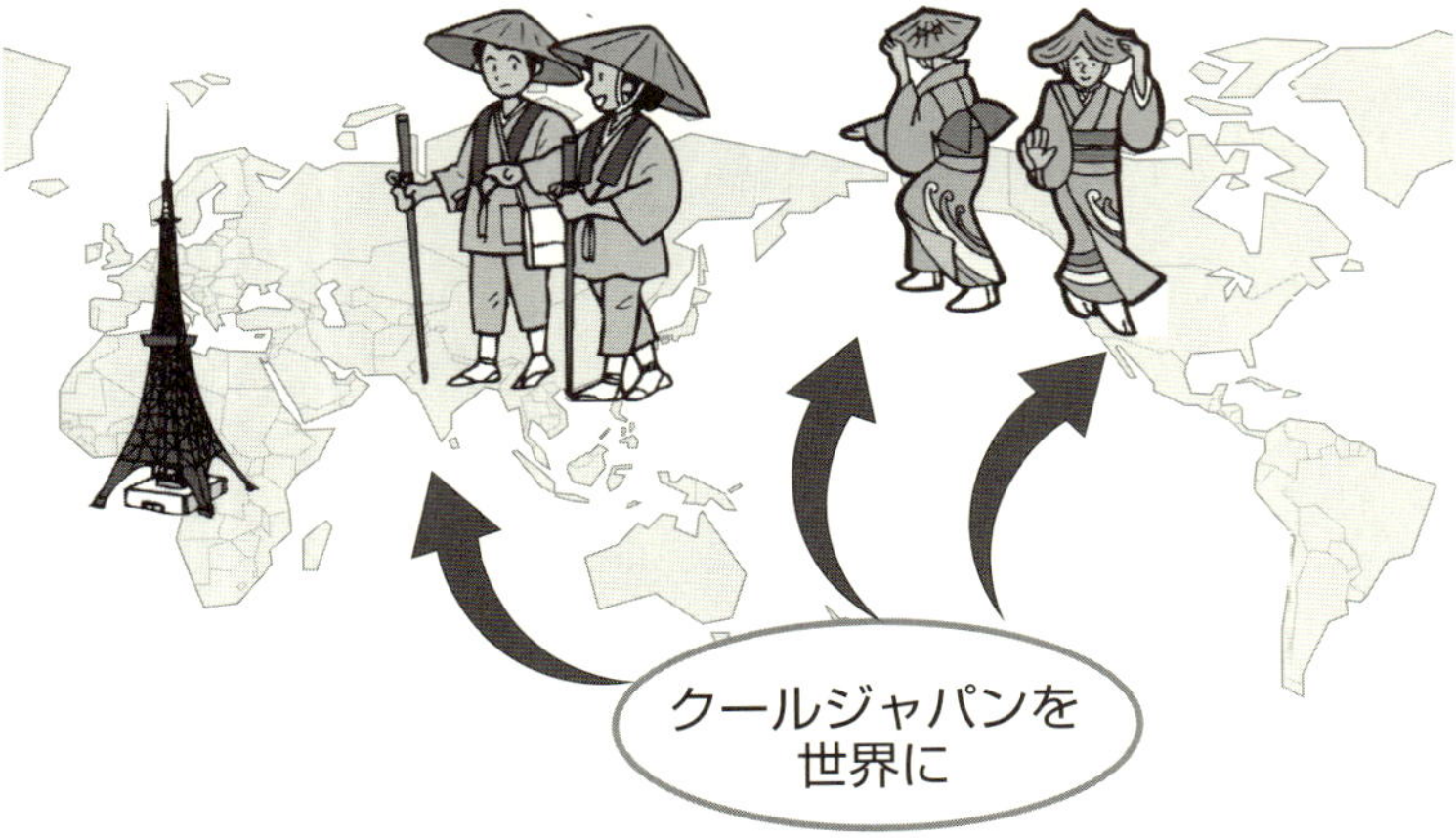

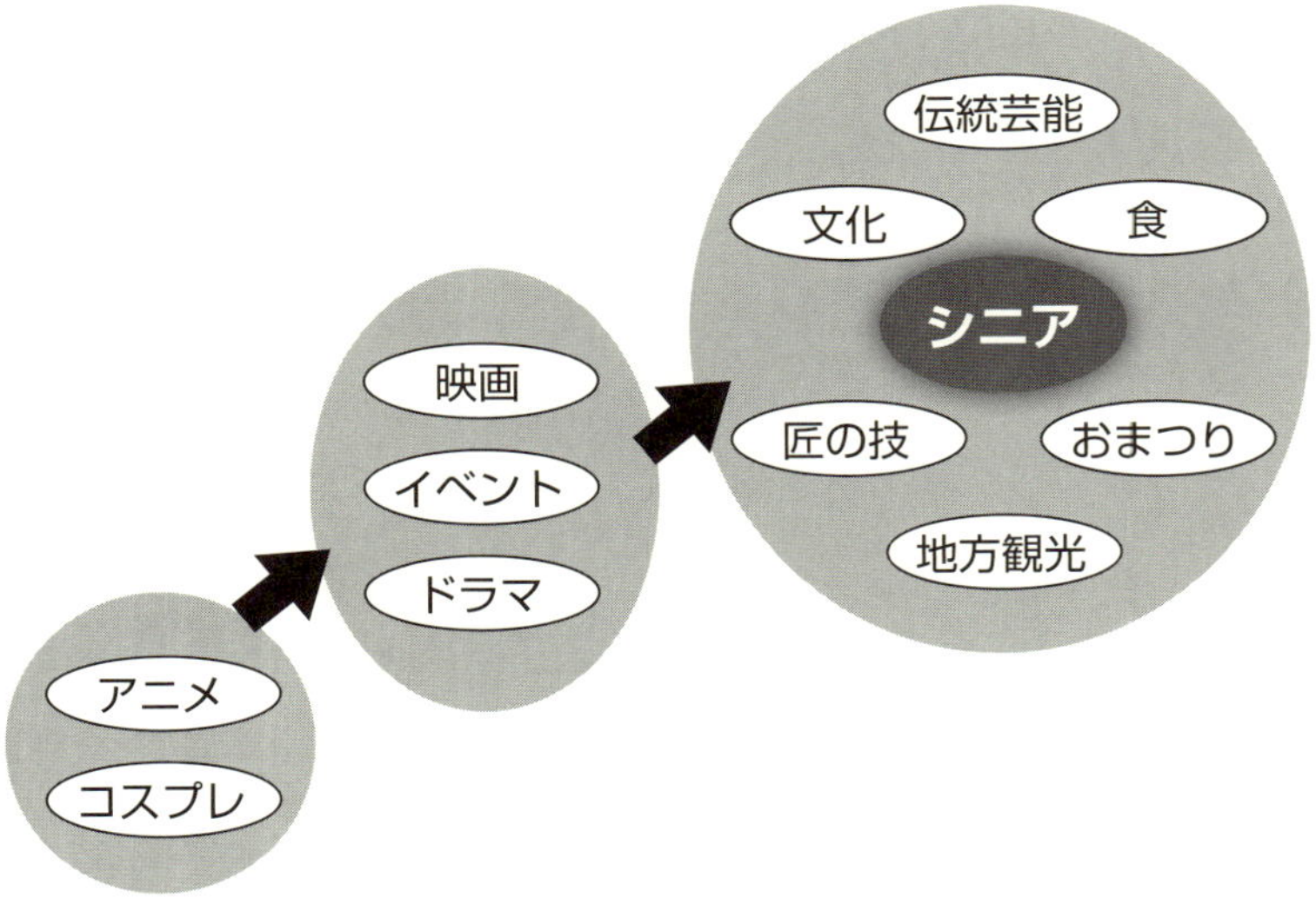

●コラム―大活躍するシニア（その1）

アウェーのアジアで日本代表はがんばっている（小山雄二さん・66歳）

「アウェー」とはわかりやすく言うと「敵地」のことである。野球やサッカーなどのプロスポーツの世界においても、ホームとアウェーでは結果が驚くほど異なるケースが多い。力量的に負けるはずがない相手であっても、アウェーは普段どおりの力を発揮できない。なにもスポーツの世界だけではない。ビジネスにおいても同様である。異国の地でビジネスをするということは、日本（ホーム）で通用していたことが通用しないことの方が多い。その環境にいかに立ち向かうかが、グローバル化に飲み込まれるこれからの日本のビジネスパーソンに求められている資質と言っても過言ではない。

小山雄二さんは１９４９年生まれ。まさに子供時代を「三丁目の夕日」を眺めながら育ったひとりだ。日本の高度経済成長期を少年の目線で見つめながら、大学在学中に事業プロデュースを本業とする会社を立ち上げた。今で言う「学生ベンチャー」である。会社の業容は拡大し、米国、中国と事業を拡大していく中で、小山さんが行き着いたのは都市開発事業である。しかし、バブル期に見られた単なる拡大型の都市開発ではない。高齢化社会における現実解としての都市の設計である。小山さんにこの発想を植えつけたのは、大阪・西成地区の街づくり事業だった。

ベトナムの建設現場で指導する小山さん

「高度経済成長期、バブル期の後始末をしない限り、次の世代に日本を渡せない」

90年代から約10年関わり続けた小山さんは仕事を続けながら、その思いが強くなった。

60歳を超えた2011年。小山さんに転機が訪れた。当社が主催するベトナム・ホーチミンでのセミナーにおいて、ベトナム人に対し、日本の都市開発について講演してほしいという依頼が舞い込んだのだ。小山さんの世代にとって、「ベトナム」はちょっとしたノスタルジーを感じさせる国のひとつだ。70年代の学生運動世代の人たちにとって、ベトナム戦争はシュプレヒコールの大きなテーマであった。そんなベトナムで、みずからが講演を行うことに、人生の不思議さを感じずにいられなかった。

ところが、２０１１年４月に開催されたセミナーの前月、日本は東日本大震災という未曾有の大災害に見舞われた。小山さんも津波に飲み込まれた東北沿岸部を見てまわった。結局、セミナーはこの大震災の報告会となる。元々、日本とベトナムの都市開発の比較論を講じようと思っていたが、その気持ちは東北の沿岸部を歩いているときに消え失せてしまった。

「どんなに豊かな都市開発を行っても、その豊かさは一瞬にして失われてしまう現実を伝えたかった。そのことは自分自身への問いかけでもあったと思う」

小山さんは当時の心境をそう語る。

ベトナムの風景を見渡していると小山さんの体の中でたぎるものが込みあげてきた。まさに自分が遊びまわっていた「三丁目の夕日」の世界がタイムスリップ

小山さんが担当する現地建設企業との合弁会社設立記念セレモニー

アウェーで活躍する小山さん（左）

したようだ。このまま都市が生まれ、開発が進むのは間違いない。しかし、その先に待ち受ける結末を自分たちは日本で経験してきた。40年間、都市開発の仕事を続けてきた知見はこの地にこそ、活かすべきではないか。そんな想いに支配されるようになった。

そこから小山さんはベトナムを中心に、建設会社、デベロッパーなどの会社を足繁くまわり、自身の知見とベトナムのこれからの都市開発の行く末を論じた。そのまま顧問として請われ、今では複数の企業と顧問契約を結び、ベトナム国内の数多くのプロジェクトに関わってきた。しかし、冒頭で述べた「アウェー」の洗礼を見事なまでに受ける。日本では当たり前のことが通用しない。そのジレンマと常に闘いながら、現在はベトナムのハノイ、ホーチミンを往復する毎日を過ごしている。

「郷に入れば郷に従え」の教訓どおり、日本の常識を押しつけるやり方は捨てた。みずから『中学生レベル』だった英語をゼロから勉強し直し、今ではベトナム企業が参加する講演会においても、英語でスピーチできるようになった。

「私が彼らに披露している経験や指導は、特殊な技術でも特別な知識を教えることでもありません。オンザジョブで身につけたビジネスナレッジ（現実的な知恵）を使って、ベトナムが経験したことのない未知の世界を、彼らと一緒に歩くことが本当に楽しい。これからも日本人が経験したすべてのことを伝えられればと思っています。77歳まであと10年ですが、体が動く限りこの地で働きます」

小山さんは笑いながらそのように話す。「アウェー」で楽しみながら働く姿は、これからのシニアの働き方に一石を投じるものではないだろうか。

昔は企業戦士、今は地球を守るビジネス（田畑瑞穂さん・77歳）

最近出会った77歳の元気なシニア、田畑瑞穂さんは元山一證券の理事まで務めた、まさに〝やり手証券マン〟の過去を持つ。若い頃はやんちゃに仕事をこなし、そして思いっきり遊ぶという、まさにダイナミズムの時代のビジネス人生を生き抜いた方だ。国内での支店営業を15年間経験した後、オランダ、イギリスで勤務。その後も世界を駆け巡っていた。高度経済成長期の右肩上がりの経済を経験し、働けば働いた分だけ稼ぐことができる時代で証券業にとっては良い時代だったと田畑さんは振り返る。あの歴史的な山一證券自主廃業の内部で、大変な時期も過ごされた経験を持ったことが、現在の田畑さんの活動に大きな影響をもたらしているように感じる。

田畑さんのモットーは「ストイックに仕事をし、ストイックに遊ぶ」だ。そして、生涯現役を貫きたいとの思いで、現在も積極的に活動されている。中途半端に仕事をしても楽しくはない。やはり人生の中でやりきった、と言いきれる何かを仕事でも持つことが大事であり、そういった仕事観があれば私生活も楽しくなるものだ。ゴルフは大会で何度も優勝されるほどの腕前で、なんと1日7ラウンド半プレー（普通は1日1ラウンド）をした実績をもつなど、お話を聞けば聞くほど大変魅力的な方である。

私がお会いするシニアの方は、まさにそういった方々である。退職後、ビジネスの第一線を退いたとしても、「果たしたい何か」の使命感に駆られ活動する。

後世のために活動を続ける田畑さん

そしてプライベートでも、自分が楽しめることにとことん打ち込む。この姿は若い頃から変わらないのだ、と過去の経験をお聞きすることで実感する。

そんな田畑さんは現在、水、空気、食べ物など、良い環境づくりに取り組まれている。その一環として、インドネシアで水を製造されるビジネスもされている。現代の若者たちに、良い環境を作り、良い人生を送れるようにしてあげたいという思いで「美と健康」を考えた事業を手がけている。アクティブなシニアの方に共通する、まさに「後世のために」という考えだ。

そしてインドネシアという点にも思いを感じる。田畑さんはオランダ勤務経験から、オランダの植民地でもあったインドネシアの水環境が良くないことを知り、良い水を提供しようと、その地を選んだそうだ。日本の誇れる技術を知り、それを守り、伝えていくことも大事だが、同時に海外の良いものも取り入れ、さらには海外に日本の技術を伝えていくことで、将来的に良い国際関係ができあがる。

アジアでビジネス支援をしていると、田畑さんと同じような思いをもったシニアに、出会うことが多い。「日本で自分たちが経験してきたノウハウが、アジアでは求められている。だから今アジアに出てきてやっているのだ」と。

日本のシニアのノウハウが活かせる場は、海外にも多くある。日本の技術力の高さ、モノづくりに対する取り組みなどが、評価され人の往来だけでなく、技術の往来が増加することで、経済活動も間違いなく増進されるはずである。こういった思いで精力的に活動されている田畑さんのようなシニアがいることは大変心強い。

いてもたってもいられない！　カンボジアへ飛び出したチャーミングな女性（大谷美智子さん・69歳）

来年70歳を迎えるという大谷美智子さん。一般財団法人日本カンボジア交流センターの代表理事を務められている。大谷さんとの出会いは、当社が本店を置くビルの株式会社ウエシマコーヒーフーズ、上島一泰社長との話がきっかけだ。私がアジアの農業の話を上島社長にしていたところ、「市議をされていたことのあるとてもおもしろい女性が、カンボジアでボランティアの活動をしているからぜひ会ってやってください」と言われた。さっそく大谷さんに面会をしてみると、なんともエネルギッシュな女性だった。実際、大谷さんと話していると、全く年齢を感じない。年上の女性に対して失礼かもしれないが、どうしてこんなに好奇心が旺盛なのだろうと思ってしまうくらいの方だ。

大谷さんは大学を卒業後、管理栄養士として就職。一時は結婚退職されるが、1996年4月に淡路町（現　淡路市）議会議員に当選され、地域の信頼も厚く、2005年6月淡路市議会議員を退職されるまで淡路のために奔走された方だ。

先に記載した上島さんのご縁で、大谷さんが2011年9月に一般財団法人日本カンボジア交流センターを設立、代表理事に就任されるが、私も微力ながらお手伝いすることになった。2014年8月設立の、はなみずき事業協同組合の代表理事就任（現任）もされている。淡路で農業にも関心を持たれ、さまざま取り組まれており、有機栽培の玉ねぎづくりもされた。ご子息で兵庫県議会議員の大谷勘介さんの応援など、幅広く活躍中だ。

大谷さんはカンボジアを心から応援されている。一般財団法人日本カンボジア交流センターは、ジャパン

カンボジアの井戸で食器を洗う親子と撮影

カンボジアの小学生と撮影

カンボジアドリームファーム事業、オートム小学校・幼稚園建設&教育プロジェクトを推進するべく立ち上げた団体だ。大谷さんは初めてカンボジアに行って、貧しい農村の子供たちを見た瞬間にいてもたってもいられなくなったという。

「豊かな大地、降り注ぐ太陽、きっちり管理すればあふれんばかりの恵みになりえる水。こんなにも素晴らしい国で生まれたのに、幼くして亡くなったりしている。教育を受けられない子供が大勢いるなんて、信じられませんでした」

仲間とカンボジアを支援できないか。大谷さんらしいバイタリティで頻繁にカンボジアに通い、小さなコミュニティということもあって、カンボジア人も日本人も現地で多くの知り合いができ、あっという間に応援団ができた。

カンボジアの小学校を訪問する大谷さん

「カンボジアでの出会いを大切に、一緒に子供たちを育て、一緒に夢を叶えよう！　みんなが学校に行ける豊かな環境を作ろう！」

大谷さんは強い思いを胸に活動をスタートされたが、思うほどプロジェクトは簡単ではなかった。内戦後のカンボジア農業は、受け継ぐべき知恵やノウハウも伝承されておらず、むしろ原始的ともいえる農作業になっている。灌漑されていない農地での作業は、雨季にはスコールが降るとあっという間に冠水し、畑の種や苗はすぐに流される。苦戦の日々だ。日本では現物での寄付の申し出もたびたびあったそうだが、輸送するのには相応のコストがかかる。課題ばかりが続く活動となった。だが、農業は一足飛びにというわけにはいかない。それでも地道に一歩一歩、持ち前の明るさで大谷さんは前を向いて進まれている。

海外研修生がいま日本に多く受け入れがされている中で、カンボジアからはまだ1%にも満たない状態だ。大谷さんは、元カンボジア領事館職員だったクレン氏の協力のもと、カンボジア人研修生の受け入れ拡大も支援している。日本で学べばなにより技術やマナーが身につき、将来のカンボジア国内の教育にも必ず役に立つからだ。

今年は新しい農村の活動を検討して動き出した。ココナッツオイルの製造販売だ。豊かなカンボジアの生活のために事業になるものをと考えている。バッタンバン州の小さな町で日本の協力のもと、機械を導入してココナッツオイルを製造。豊富な資源の活用による雇用拡大、日本との交流、経済活性が目的だ。ココナッツオイルは石鹸など食用以外の商品製造にも展開ができる。

カンボジアに日本の中古の救急車と消防車を寄贈する運動もしている。2014年に第1弾の輸送を達成し、来年には第2弾が輸送できそうだと言う。大谷さんの行動力にはいつも感服するばかりだ。

貧しい農村の子供たちにより豊かな生活を送ってほしい。よい教育を、よい技術を身につけ、自国の発展に皆が活躍してほしい。そう願う大谷さんは、カンボジアの10年後、20年後がイメージできると話をしてくれたことがある。私も、何度もバスでホーチミンから陸路でプノンペンに走ったことがあるが、永遠続きそうに思えるほどの大地が印象に残る。ほとんどは農地だと思うが、見るからにもったいない大地だ。産業の乏しい中、カンボジア政府もこれが財産だと強く思っているようだ。「中国や韓国だけではなく、日本が出て行かないと…」大谷さんは、そう力説する。好奇心が強く、アグレッシブな言動に自然と私も乗せられる。私は、そんな強い使命感すら感じる大谷さんの今後の活躍を楽しみにしているひとりである。

日本の農業を世界に伝える（田中和雄さん・72歳／大賀昌さん・59歳）

私は徳島県生まれで、農家で育った。アジアでビジネスをする中で、アジアでの日本式農業ビジネスの可能性を感じ、アジア各地の農業地帯の視察をしながら調査を実施。『アジアで農業ビジネスチャンスをつかめ！』（2010年4月・カナリア書房（2014年にカナリアコミュニケーションズに社名変更、以降本書ではカナリアと表記する））を発刊し、アジアでの農業ビジネス支援も行っている。その中で知り合った日本が誇る農業をアジアで実践しているシニアがいる。ミャンマーでコシヒカリを栽培する田中和雄さん、72歳だ。田中さんは『ミャンマービジネスの真実』（2014年3月・カナリア）の著者でもある。田中さんがミャンマーで農業をはじめたのは、約10年前、60歳を過ぎてからだ。ロンドン、パナ

ミャンマーで指導する田中さん

マ、サウジアラビアなどでビジネスをした田中さんは、ミャンマーで孤児院校舎を設立し、支援をする中でこれだけアジアが発展を続けているにもかかわらず、現地の農家の低所得の現実を目の当たりにし、生活水準を上げる必要性を感じて農業支援を開始。実は農業は未経験だった田中さん。米づくりを一から学び、現地に持ち込んだのだ。その熱意に共感して支援者が集まり、ミャンマーでの米づくりを実現。ヤンゴン市長からの依頼を受けて、現地で米づくりの指導も行っている。

　日本とは気候や環境が違う現地での農業について、田中さんはこう語る。「ミャンマーでは日本の常識は通じない。日本と同じやり方でやろうとしても成功しない。現地を見て、現地に適応させること。これがアジアでの農業成功のポイントだ」と。

　こういった現地の環境に臨機応変に適応できることも、シニアの特徴だと感じる。失敗を恐れることもない、チャレンジをしてハードルがあれば、それを乗り越える方法を考える。当たり前かもしれないが、過去多くの経験をしてきているシニアだから、この挑戦を楽しんでできるのではないだろうか。

アジアで農業にチャレンジするシニアの存在は、間違いなく日本の農家に勇気を与えているはずだ。田中さんは、こうも語る。「日本の農業は、世界に出てはじめてその本質が見える」。日本国内だけで農業を語っていても仕方がない。環境が整っていない、未開拓のアジアで実現をしてこそ、日本式農業の真の力を見せることができる。そしてそのことがアジア各国の現地住民の生活を豊かにし、日本の農業に対するプレゼンスを上げることになるのではないだろうか。

　また同じくタイでオーガニック農園を経営する大賀昌さんも、日本式の農業を世界に伝えようと奮闘しているひとりだ。大賀さんは著書『メコンの大地

タイの大賀さんの農園

が教えてくれたこと』（2012年7月・カナリア）の中で、「アジアで農業をしたからこそ、日本の農業の偉大さに気づいた」と言っている。

大賀さんは現在59歳。シニアと呼ぶにはまだ早いが、永住覚悟で、海外で工場の責任者を務めた後、タイ郊外でオーガニックの農園を開始。大賀さんもまた農業未経験からスタートしたひとりだ。オーガニックの農作物を栽培し、販売することで現地農家の生活水準を上げる。また、現地で加工も行い欧米にも輸出を手掛ける、まさにグローバルな農業経営をされている。大賀さんも、日本式の農業手法を現地に適応して変化させ、さらに工場勤務経験を活かした人材育成にも取り組んでいる。現地農家に、農業手法を指導するための研修施設まで設立し、技術指導を行っている。

アジアで農業をするシニアに共通することの一つに、自分たちが持ち得るノウハウを惜しげもなく提供している点がある。日本が持つ農業の手法を海外に伝え、後世に残していきたい、世界に日本の農業を伝えていきたいと誰よりも強く願っているからだと感じる。こういったシニアが世界で、現地住民から尊敬されているということは同じ日本人として、大変うれしく思うと同時に、間違いなく今後、両国の良好な関係、また両国の利益につながることだと確信している。

地方都市をベトナムにつないだシニア（磯部正美さん・68歳／渡辺良男さん・66歳）

当社ではベトナムで日本の物産販売機能も常設するマルシェ&レストラン「ＥＮＩＳＨＩ（えにし）」を運営している。また、同じくベトナムでは日本商品の販売だけでなく、情報発信基地として「ジャパンスタイルショップ」も展開している。日本という国は過去を振り返っても海外でＰＲを重視してこなかった。日本製品や食の世界でも、その品質は高く評価されるものの、市場は中国、韓国、台湾勢に席巻されている。東南アジア市場の現実でもある。私たちはその市場に一石を投じたかった。

その私たちの取り組みに共感していただき、新潟の物産をベトナムへ流通することに尽力されたのが、一般社団法人日本経営士会の北関東支部で新潟県会長を務める磯部正

新潟の物産店にて（左：磯部さん、右：渡辺さん）

美さんと、一般社団法人新潟県経営支援センター理事長の渡辺良男さんだ。磯部さんが68歳、渡辺さんは66歳だ。

磯部さんは新潟鉄工所で設計技師を務めた元職人だが、鉄道車両製造部門を引き継いだ会社では経営にも参画された方で、かつての日本の製造業の現場を知るシニアである。現在は産業カウンセラーとしてマネジメントとパーソナルのサポートを行っている。

新潟の日本酒を飲み交わす磯部さんと渡辺さん

渡辺さんは30歳でソフトウェア開発会社を起業、還暦を機に後輩に託し、現在コンサルタントとして活躍している方だ。各分野における経営支援も豊富な経験がある。
現場視点と経営視点を持つおふたりの力が発揮されたのが、新潟の物産をベトナムで展開するプロジェクトではないかと思う。「日本の地方とアジアの地方をつなぐ」。当社はこのテーマを標榜し、活動をしている。地方に行けば行くほど、賛同してくださるシニアの方々が多い。拙著『だから中小企業のアジアビジネスは失敗する』（2013年

2月・カナリア）をおふたりに読んでいただいた。その内容に共感していただいたこともあり、新潟とベトナムを物産でつなぐプロジェクトは一気に進んだ。

そんな磯部さんと渡辺さんは若い頃から人材教育の大切さを痛感してきた。おふたりが関わる一般社団法人新潟県経営支援センターは、まさに人を育て輩出する機関である。実際に育成した人材が新潟県内の多くの地場企業で活躍されている。

「いろいろな経験、体験をするキャリアが若い人には大切に思う。シニアには人生の生き様を若い人に伝える役割もあるのではないか。シニアの経験豊富なパーソナリティによる薫陶と対話が人材育成には重要に思う」

磯部さんがこのように人の教育について説く。

「人材育成で大切なことは、まず7割が経験則、そして2割が薫陶。残りの1割が研修。2割の薫陶の部分がこれからのシニアが貢献できる」

渡辺さんもこのように続けた。

実はこの話をうかがった際に、当社の中堅幹部である田淵が同席しており、ありがたかった。経営者の立場として、このような話を若手社員や幹部に直接聞かせたい。このような話を通じて、人を育てることのなんたるかを少しでも学んでもらいたいと切に願う。人間教育が希薄になる昨今、シニアの果たす役割は大きいと実感する。

ベトナムが身近に感じられたおふたりは、すでに1年のうち何度も往復するまでになっている。ベトナムの街中を何度も歩くがその度に新しい発見があると言う。「歩くことで見えるものがある。だからとにかく歩く」と言う。つい先日もベトナムからタイまで今話題の南部経済回廊を陸路で20時間かけて移動したと言う。その真意はなんとなくわかる。おふたりが大切にしているものが、その20時間に凝縮しているのだろう。

日本のお菓子文化を東南アジアへ（益山明さん・77歳）

益山明さんはお菓子業界のスーパーコンサルタントだ。77歳となられた現在もまさに現役バリバリで現場に立ち続ける。お菓子業界も他の業界と同じく、昨今はグローバル化の波に飲み込まれている。高度経済成長期の頃のままのやり方が通用しなくなっている。併せて、消費者も様変わりした。かつての貧しく、モノ不足の時代から、今や何でもそろう豊かな国へと成長し、国民の生活レベルは世界トップクラスの水準である。お菓子という商品自体のあり方も、時代の流れとともに変わるのは必然である。

益山さんがフード流通経済研究所を設立したのが1968年。元々菓子メーカーで企画などの仕事をしていた益山さんは独立し、コンサルティングを生業とした。ちょうど高度経済成長を謳歌する日本がそこにはあった。当時、傍流であったスーパーマーケットなどとのコネクションから流通菓子専門の業界誌「フードニュース」を創刊させる。お菓子業界のスーパーコンサルタントの道はここからはじまった。

益山さんは現在も日本全国、北から南まで飛び回っている。大手お菓子メーカーのトップとの打ち合わせや琉球大学での講師経験から深い縁を築いてきた沖縄にも頻繁に出向く。とにかくアグレッシブなのだ。ジッとしていない。とにかく、動きまわる。そして歳も忘れていたとよく言われる。

コンサルティングの現場も昔から変わらない。歯に衣を着せず、本質をズバズバと突いていく。一緒にいると、その様子に呆気にとられる。そんな益山さんが最近のお菓子業界についてこのように漏らす。

日本のお菓子文化を世界に広める益山さん

「大切なのは志です。チャンスをつかむためにリスクが

あるのは当然。志があれば、さまざまな課題もクリアできる。でも、最近はリスクを恐れて挑戦しない企業が多い。残念です」

２０１３年に当社の「アジアビジネスカンファレンス」での講演のためベトナム・ホーチミンに出向いた。そして、２０１４年も同イベントの講演で再びホーチミンの地に降り立った。ベトナムの経済成長、気候風土、お菓子業界の勃興の様子などを見聞し、益山さんは確信を抱く。「ベトナムこそ日本のお菓子業界がもっと手を組むべきではないか」と。

実は益山さんはアジアに詳しい。「フードニュース」誌も中国で発刊していたこともあり、現地に事務所も構えた経験もある。フィリピンにも講演でよく出向いた。もとより、お菓子の本場であるヨーロッパへは若い頃から何度も足を運んでいる。そんな益山さんはお菓子業界がベトナム、そして東南アジアという国々との連携が不可欠であると実

ベトナムで講演する益山さん

感している。

「アジアに進出したお菓子メーカーを色々と見てきました。しかし、うまくいくところは少ない。うまくいかないとすぐに撤退してしまう。なぜ、うまくいかないのか？　それは現地の企業との連携の大切さを重要視していなかったからではないでしょうか」

益山さんと一緒にベトナムのお菓子メーカーを数社視察した。そのとき、驚いたことがある。益山さんは訪問する企業に「お菓子とはなにか？」という根源的な話を熱く語るのだ。その様子は、日本企業のコンサルの現場となんら変わらない。「現地の企業と手をとりあって…」という言葉に表も裏もない。真剣にお菓子業界の未来を憂う。同時に、お菓子業界の未来を切り拓こうとしている。

まだまだ現役バリバリのスーパーコンサルタントである益山さんだが、このように展望する。

「自分自身も、そしてお菓子業界ももっと社会に貢献することを考えなければ。お菓子は文化をつくるものなのだから」

約半世紀もの間、お菓子業界を見続けてきた益山さん。「いつも言いたいこと言っています」とみずからのコンサルの様子を笑いながら話す。「沖縄でセミナーをやりましょう」と逆に提案もいただいた。とにかくそのアグレッシブさには舌を巻く。まだまだ、お菓子業界に「益山節」は鳴り響き続けるだろう。

アジアビジネス探索者を名乗り活動するシニア（増田辰弘さん・68歳）

この度、私はNPO法人アジア起業家村推進機構の10周年記念事業として立ち上げられた、アジア経営戦略研究所の政策顧問と、四国研究センター長を拝命した。同研究所の所長をされているのが、法政大学大学院の講師を務める増田辰弘さん、現在68歳だ。

増田さんとは、ソニースピリッツの伝道師、田村さん（コラム172頁参照）から紹介され、増田さんが主催されている「アジアビジネス探索セミナー」の講演で初めてお会いした。増田さん主催のセミナー、交流会で講演やパネラーをさせていただいたが、毎回思うことは、司会もパネルディスカッションのモデレータも実にユーモアにあふれた温かみのあるお話しぶりということだ。その場の雰囲気を自然となごませ、お仲間同士が心地よい感じで集まっている。それでいて、アジアを駆け回るアグレッシブさ。私も負けてはいられないと思う方のおひとりである。先日のNPO法人アジア起業家村推進機構の交流会では、アフリカから来た若者とも知り合ったが、実に多くの方が思いをひとつに集まり、大変有意義だった。

増田さんは神奈川県庁に勤め「かながわサイエンスパーク（ＫＳＰ）」の設立などにかかわり、２００１年に県庁を退職。その後、産業能率大学経営学部の教授をされていた。現在はみずから「アジアビジネス探索者」と名乗り、アジア各地に取材に出向き、現場主義を徹底、１６００社以上の企業を取材し、アジアビジネス情報を積極的に発信されている。

増田さんは、日本初のインキュベーターである都市型サイエンスパーク（ＫＳＰ）の設立後、アジアのものづくりネットワーク構築に携わっていた。当時はベンチャー企業に脚光が当たっているなか、アジアのものづくり分野は、地味な存在だったと語る。

だがその後、円高が進み日本企業の海外進出が本格化すると状況が一転。アジアの新興地域の経済成長が注目されるようになった。増田さんもアジアに出向き、日本企業やアジアの企業を取材していくうち、アジアの現場の魅力に惹かれ、県庁を辞めてまでアジア専門家としてやっていくことを選択された。

「アジアに行くと自然と元気になる、そしてアジアは日本企業にとって大変魅力あふれる地域だ」と増田さんは語る。だからこそ、アジアの現在、アジアビジネスの可能性を伝えたいと、みずから率先して現地に赴いている。アジアの

アジアビジネス探索者の増田さん

いまと、これからを伝えるために毎月「アジアビジネス探索セミナー」を開催し、アジアビジネスを行う経営者の話を発信している。

増田さんはアジア進出には、「お金ではなく行動力や知恵が必要となる」と、力強く語られる。

そのメッセージを発信し続けるからだろうが、増田さんの周りにはとてもアクティブなシニアが集まっていらっしゃる。増田さん主催の講演会に行くとシニアが多いことに驚く。大変アクティブで何より大変熱心な方が多い。若手経営者よりも熱心に、ビジネスの話を聞き、そして行動に移していく。日本の昔を知っているシニアだからこそ、増田さんのアジアの話に共感し、自分たちが若かりし頃の日本が残る、アジアでのビジネスに期待をするのだろう。

増田さんのアジアへの思いが、アクティブなシニアを通して若手起業家にも伝わっていくことに今後も期待したい。

第3章

日本の起業をシニアが活性化する時代

起業家の増えない日本の深刻な問題

日本では起業する人が少ないと言われて久しい。少なくとも30年以上は言われ続けている。確かにアメリカなどと比べると見劣りがする。最近は特に世界的な企業も、あまりでていない。アメリカでは、シリコンバレーを見るまでもなく、「アメリカン・ドリーム」を求めて、起業する人は少なくない。近年は、貧富の格差が広がっているようだが、それでも大問題として顕在化しにくいのは、貧乏になった人でも、このままでは終わらないという「アメリカン・ドリーム」を求める精神性が根強くあることが関係しているようだ。

確かに、日本人は、そういった面ではアメリカ人より保守的に見えるかもしれないが、一概には言い切れない。十数年前になるが、ベンチャーキャピタリストの村口和孝さんが「日本人は、昔は勇猛果敢に沖までクジラを捕まえに行っていた。その根底には、起業家精神がある」と語っていたことが強く印象に残っている。もし、そうだとしたら、なぜ日本では起業家が育ちにくいのか。やはり、環境と制度に起因することが大きいと思う。

戦後日本は、多くの産業が壊滅的となり、ほぼゼロからのスタートとなった。なにもなくなったから、何でもつくれば売れた時代だった。誰でも、どんどんビジネスが興せた。

みんなが文字通りハングリーで、ハングリー精神を持ちあわせていた。そう、もしかしたら「1億総起業家時代」だったかもしれないと思ったが、調べてみたら、1945年当時の日本の人口は7260万人だったので、この言い方は使えない。ともあれ、誰もが新しいことに挑戦しやすい環境だったことは間違いない。

そして、朝鮮戦争特需をバネに、池田内閣の所得倍増計画により、日本は高度経済成長を見事に政策通りに実現していく。このとき、日本は「アメリカン・ドリーム」ならぬ所得倍増という「ジャパニーズ・ドリーム」を、国民共通の夢として描くことができた。

ただ、高度経済成長を牽引したのは大企業でもあり、企業が多くの社員を必要とし、ビジネスが活性化したのも事実だ。「起業」ではなく「企業」を通じ、決して個人ではできない大きなビジネスを展開でき、海外でも活躍でき、さまざまな経験とノウハウを得た人も少なくなかった。それが今のシニアの魅力的なところでもある。一方で、大企業によって、恵まれ過ぎ、守られ過ぎ、自分から新しいことに挑戦する気概ある人が育たなくなったのも事実である。

そして、オイルショックなどの紆余曲折はあったものの、1980年代後半からバブルに沸いたのは周知のとおりである。しかし、バブルは必ずはじけるもの。その後日本は「失われた10年」とも「失われた20年」ともいわれる時代に入る。いまだに、そこから抜け出せないままなのが日本の現実だ。企業の倒産件数は、２０１３年までは毎年1万件を超えていた。そんな時代が長く続けば、会社員ならずとも、若い人まで保守的となり、就職先として、公務員が一番人気となることも無理からぬ部分はある。

しかし、日本で起業家が増えない最大の原因は、資金調達の問題にある。特に、融資に際して、経営者の個人保証を求めるのは日本の悪弊である。そのため、日本の起業家は、一度失敗したら、自宅や財産のすべてを失うこととなり、再起は困難になってしまうのだ。欧米では、失敗経験のある経営者こそ優遇され、むしろ、そうでないと一人前とは見なされない。失敗しても、繰り返しチャレンジし、そして起業家として、経営者として成長していく。しかし、日本では、起業塾などで成功体験は教えても、失敗体験を教えることは少ない。むしろ、失敗例は、マスコミによって、マイナスイメージとしてだけ増幅されていく。そのため、起業への夢の足を引っ張るばかりだ。

このままではいけないことは、誰もがわかっている。安倍政権も、アジアナンバー1の起業先進国をめざして、日本の４・５％の開業率を、欧米先進国並みの10％にしていくと、さまざまな施策を打ち出している。また、個人保証の件についても、「経営者保証に関するガイドライン」を策定し、悪しきしくみを改めようとはしている。しかし、まだまだ大きく現実は変わってきていない。

ちょうどこの原稿を書いているときに、「ビジネス環境の現状」という世界銀行グループによる報告書の２０１６年版が発表になった。それによると、起業や経営がしやすいビジネス環境の国別ランキングは、次のとおりである。

英米以外では、北欧３国がベスト10入りしているのが特徴的だ。そして、アジアのベスト３は、シンガポール・韓国・香港で、世界で日本はベスト10にはランクインしていない。実はなんと34位なのだ。しかも、29位↓33位↓34位と年々ランキングを下げている。一方、韓国は7位↓5位↓4位と年々ランキングを

ビジネスのしやすさランキング

1位	シンガポール
2位	ニュージーランド
3位	デンマーク
4位	韓国
5位	香港
6位	イギリス
7位	アメリカ
8位	スウェーデン
9位	ノルウェー
10位	台湾
：	：
34位	日本

＊ Doing Business 2016「Ease o f doing business ranking」より作成

上げてきている。「アジアナンバー1の起業先進国」には、遠く及ばないのが現状なのだ。

シニア起業はこれだけ社会が求めている

少子化も高齢化も、問題として言われるようになって久しい。確かに、高齢者をより若い人が支えようとすれば、ますますその負担は大きくなる一方だ。

しかし、少子化そのものは、高齢者を支えなければという強迫観念を捨て、サイズが小さくなるだけと考えれば、さほど大きな問題ではない。支える側が少ないことを問題にするより、今や元気な高齢者は多いのだから、実質的に支えなくて済むように、自立を促したり、活躍の場を与えたりしさえすればいい。安倍政権が打ち出した「一億総活躍社会」も、あながち間違っていない。

昔は「人生50年」と言われたが、今や日本人男性は「人生80・50年」、女性に至っては「人生86・83年」で世界一の長寿命だ。しかも、年々延び続けている。定年後に元気と時間を持て余している高齢者は、あちこちで目にする。平日のスポーツクラブは、老人サロンと化している。カラオケ店も同じ傾向にある。もったいない限りである。折しも、高度経済成長を企業戦士として支えた団塊の世代が、次々と定年を迎えているさなかであり、その知識・経験・ノウハウを活かさない手はない。制度的には、福祉給付対象者になっても、現実には彼らはまだまだお荷物ではない。

特に、商社などで海外にでて活躍したような人は貴重だ。何よりも度胸がある。遠慮がなく、どこにでも行って交渉できる積極性を持っている。こうしたシニアは、是非起業してほしい。起業と言うと、若い人がやるものとイメージする方が多いだろう。分野で言えば、ＩＣＴやバイオ、コンテンツなど、何やら最先端ビジネスの印象が強い。しかし、社会が求めているものは、これだけではない。データを見てみると、ずいぶん前から創業時の平均年齢は40歳を超えている。起業数は10年以上横ばいであるが、明るい兆しがある。60歳以上の起業家は年々増加しているのだ。おおいに期待できる。次頁の図を見ていただきたい。

ベンチャーの世界では、新規性・市場性などが問われるが、考えてみれば、シニアビジネスはこれにあてはまる。なぜなら、未知の世界であり、なおかつ市場が広がるからである。見る人から見たら、これは「ブルーオーシャン」に他ならない。そして、更に高齢化が進む10年先を見据えれば、新たに創造したビジネスモデルのアジアへの海外展開も視野に入る。

開業時の平均年齢推移

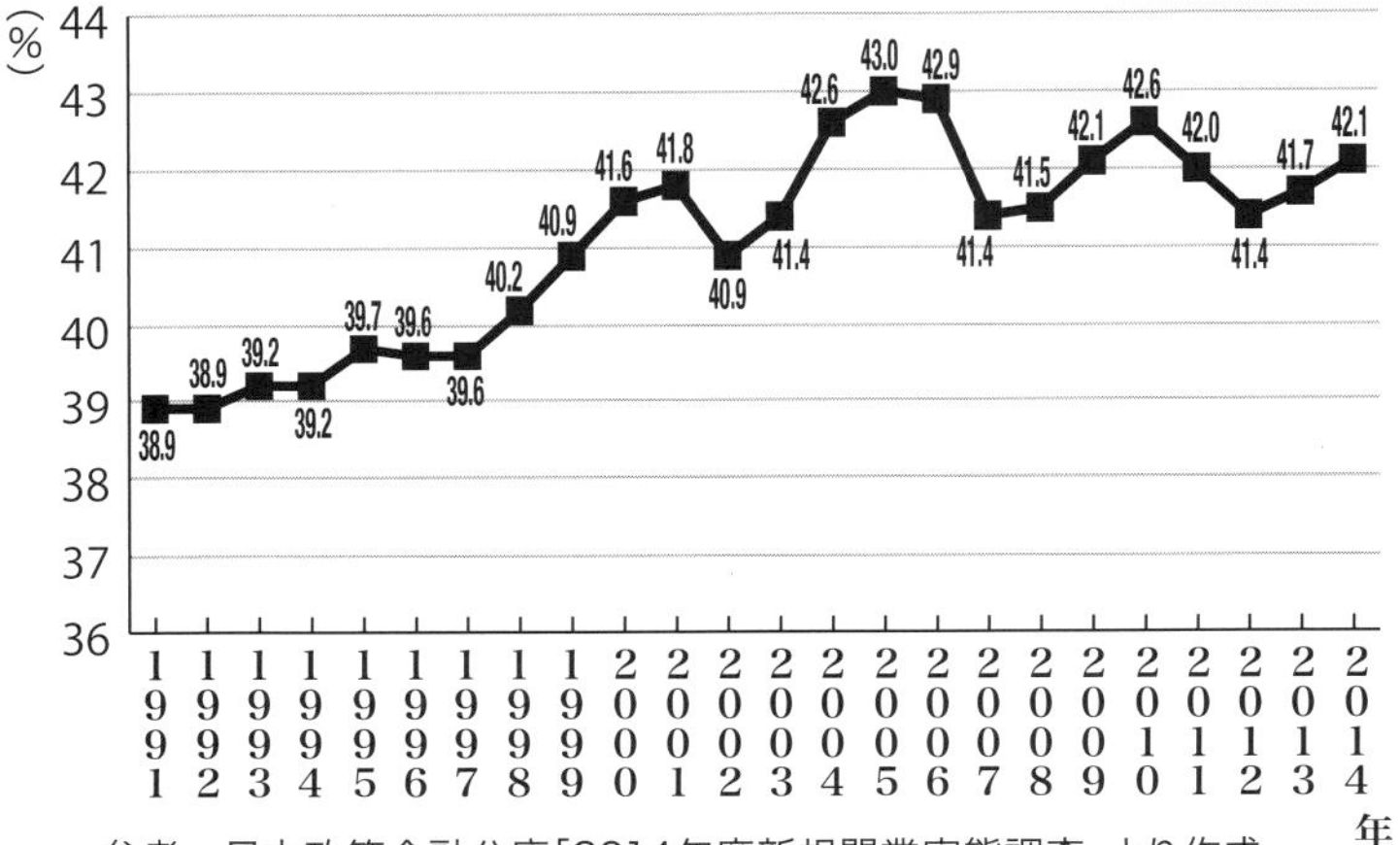

参考：日本政策金融公庫「2014年度新規開業実態調査」より作成

起業家の60歳以上の割合推移

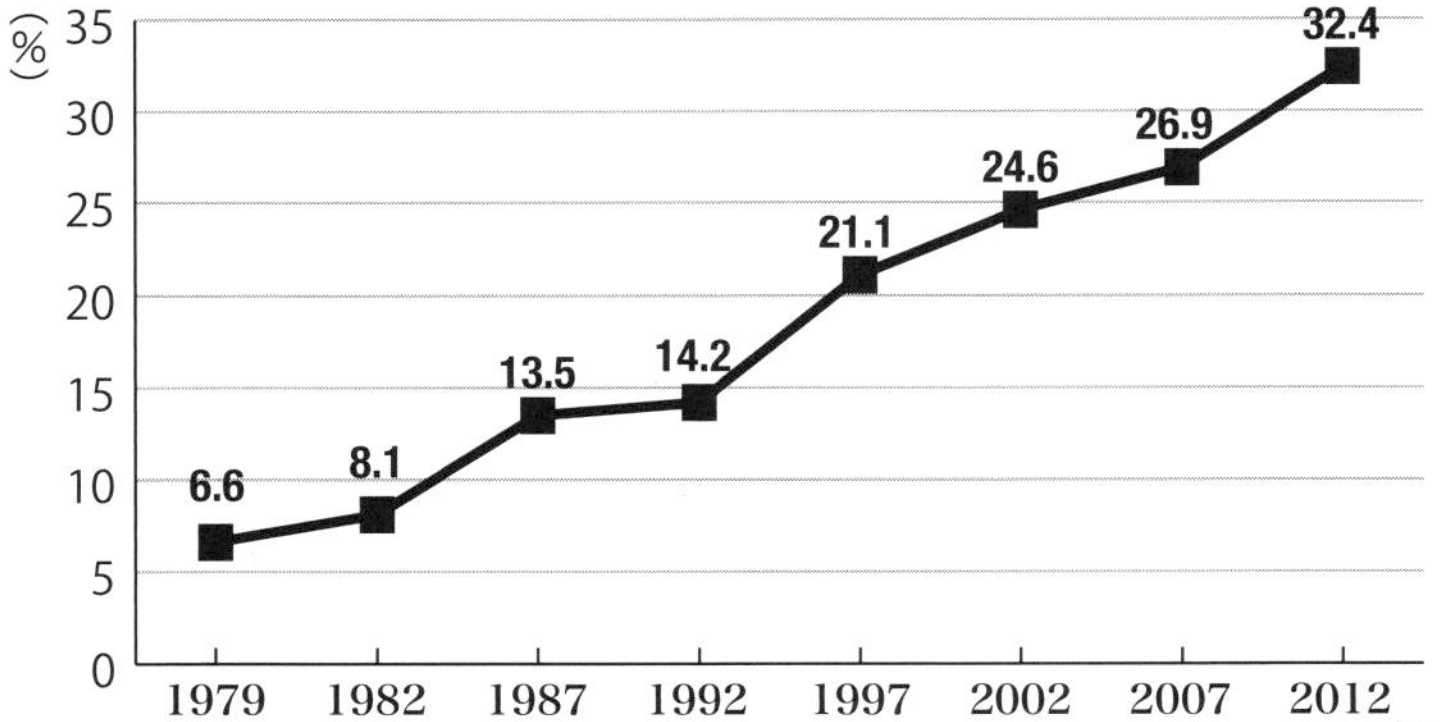

参考：中小企業白書2014より作成

ただ、起業は、ローリスクではありえないし、ものにならない。２００６年の会社法の改正により、１円で株式会社ができると「１円起業」がはやったことがあるが愚策である。話題になったことから、会社の数は増えることは増えたようだが、その多くの会社はつぶれている。多産多死になっただけである。やはり、起業は、ハードルを低くするだけではダメなのである。

起業を考えるシニアは、まずは個人事業主として、自分の名前で独立すればよい。エリック・リースという起業家が「リーンスタートアップ」という手法を提唱しているが、「リーン」とは、「余分な肉がなく細い」という意味。要は、早めに試行錯誤・軌道修正を繰り返し、無駄な要素を最小限に抑え、成功を目指すのである。シニア起業には、ぴったりである。そして、必要に応じて法人にして、大きくしていけばいいのである。

高齢化社会は、ピンチではなくチャンスでもある。ビジネスチャンスもいっぱいある。当社では、運転免許の安全講習の事業を受託しているが（詳しくは〜頁のコラム参照）、映像を流すのではなく、その方面に経験のある高齢者に講師として話をしていただくことで、活躍の場を提供している。

また、少子化は問題と言いながら、働く女性が増えていることから、保育所に子供を入れたいのに入れないという人が、いまだに多い。保育士の資格を持っているのに、働いていない人も多いと言う。仕事がハードな割には待遇がよくないことも大きいようだ。そこで、私は高齢者の出番があるのではないかと考えている。「シニア保育士」である。

高齢者にとって、幼児ほどかわいく、元気をもらえるものはない。また、幼児にとっても、より年齢の離れた人と接する機会が増え、世代間交流はもちろん、伝承的な文化や遊びなどを伝えていくきっかけにもなる。生活のためにフルタイムで入る必要はない。体力に応じて、それこそワークシェアリング的にできる人ができるときに入る形にすれば、十分可能なのではないだろうか？　その他の職種でも、シニアがかかわることで、かえってメリットがでてくるものも、まだまだあるはずだ。

先般の東日本大震災は、明治維新と終戦に続き、ぬるま湯だった日本が大きく変わる第3のビッグチャンスではないかと思っていた。それだけ衝撃的だった。あれから4年。必ずしもそのチャンスは活かせていない。しかし、本当のラストチャンスは、高齢化社会の克服にある。世界的に見て、日本は高齢化社会先進国として、その克服のモデルケースとして注目されている。シニアが変わることにより、高齢化社会を克服することで、日本も大きく変わることができるのだ。いま、その新たな第4のチャンスが巡ってきているのだ。

シニアの活躍の場はますます広がる

シニアの人数が膨大になるということは、楽観的に考えれば、それだけマーケットの規模が大きくなるということだ。今までは主に消費していたシニアが、稼いで消費するようになる。つまり、生産年齢人口の上限が上がると考えればわかりやすい。ちなみに私はこれからの生産年齢人口の上限は75歳ぐらいが適当だと思っている。では、どんな分野のビジネスが新たに期待できるのだろうか？ 今まで書いたことを含めて、次頁の図のようにまとめてみた。

大きく分けると、シニアみずからが国内マーケット拡大に寄与するビジネスが考えられる。もう一つは、シニアが国内および海外の後世に伝えたり、教えたりする分野があるだろう。

これからの高齢化社会を考えると企業のビジネスも変化を要求される。子供向けの商品を販売していた会社も、シニア層向けの商品へシフトすることが容易に想像できる。現在でも注目される介護ビジネスやシニアの生活の快適性を向上させるサービスなども、今後

どんどん広がるシニアが活躍できる分野

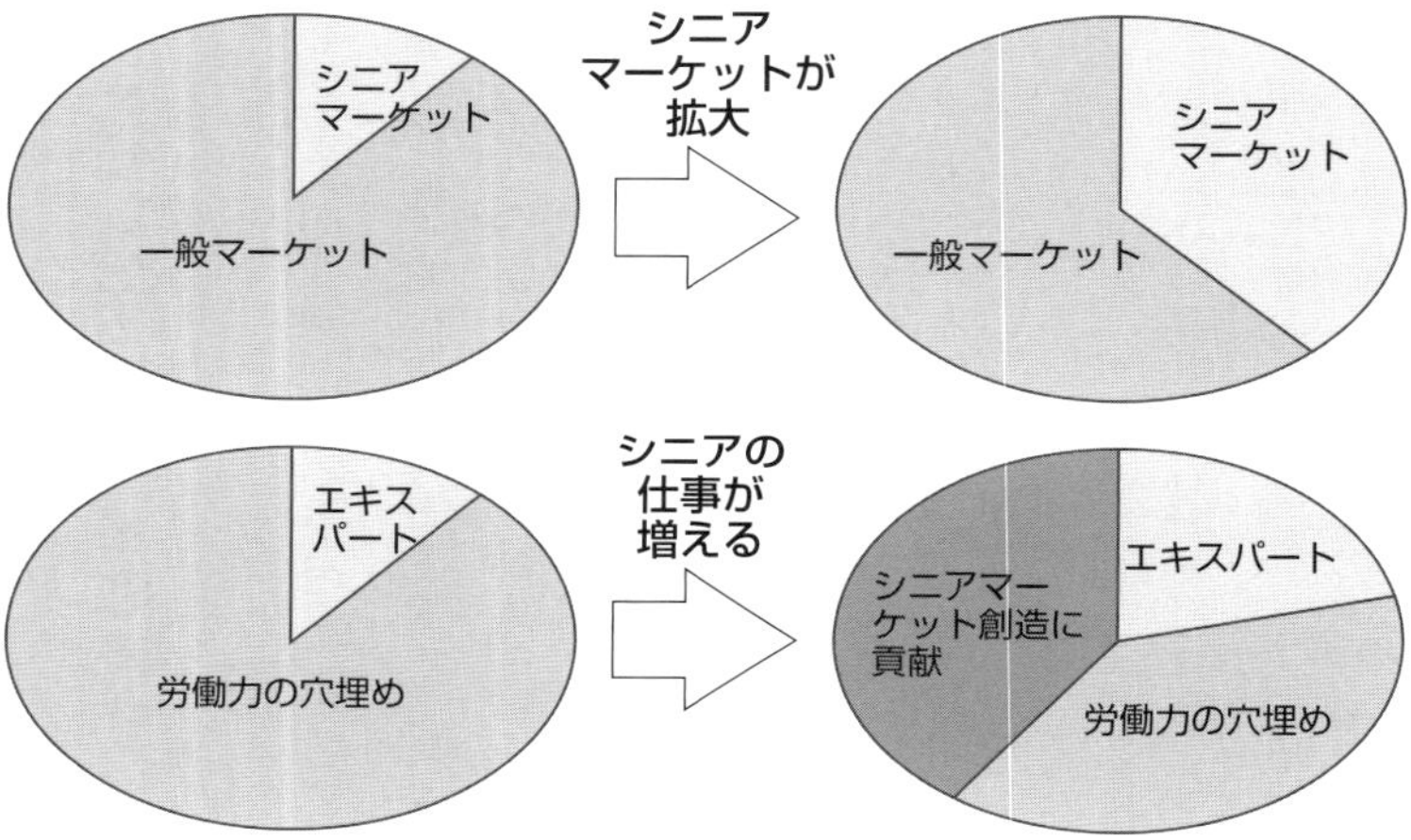

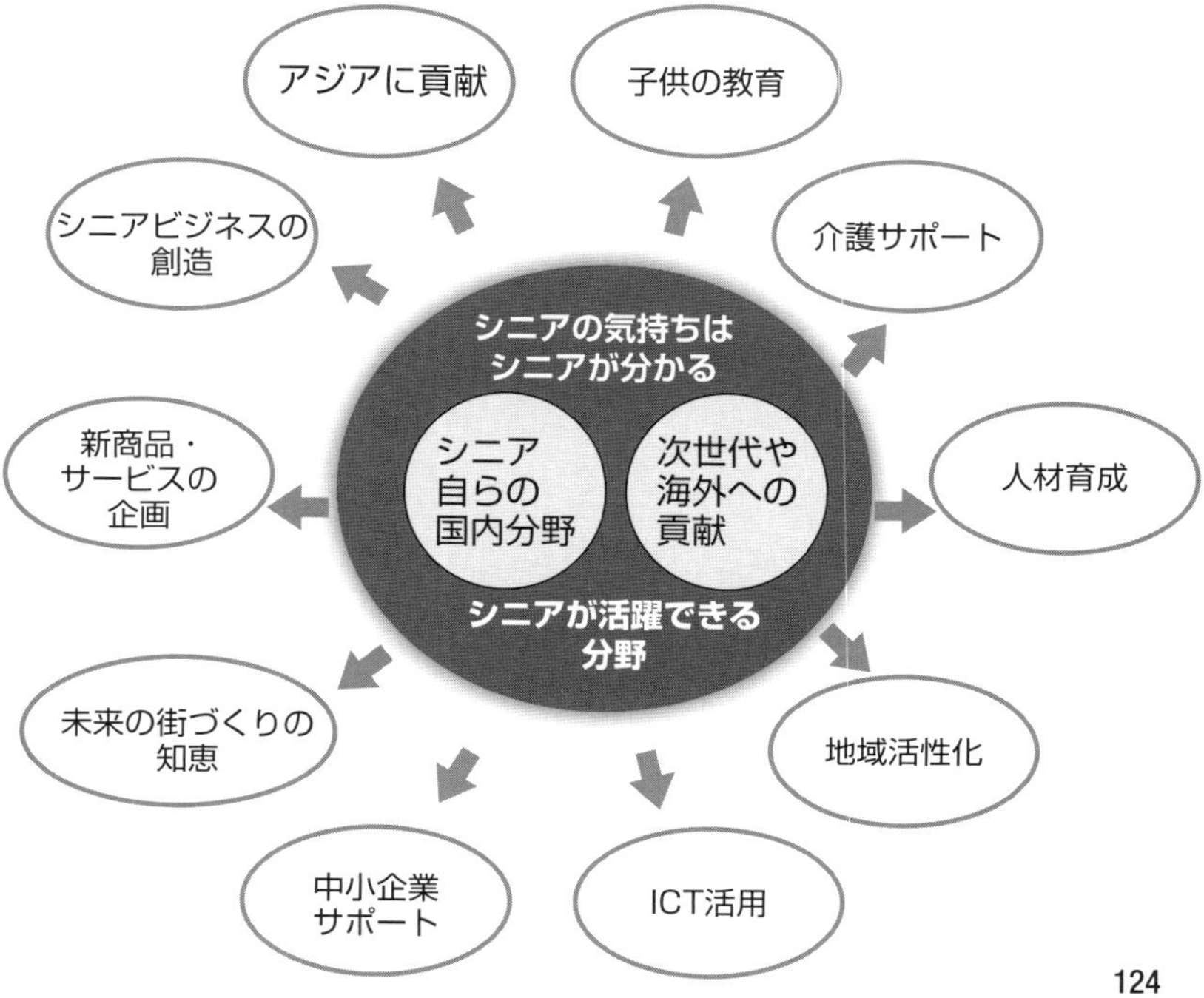

のビジネス化が加速されるはずだ。

　さらに、中小企業の活性化のために中小企業のサポートビジネスはシニアが大活躍できる分野だ。地域活性化も同様。地方はシニアが主役であり、シニア自身が消費者としてだけでなく、ビジネスの提供側として活躍できる分野がたくさんある。地方創生が叫ばれる中、地方の過疎化と高齢化は急速に進行している。そこにシニア自身が主役となるビジネスが数多く登場するだろう。日本全国に外国人観光客が押し寄せている。このようなインバウンドの分野においても、シニア自身のおもてなしサービスなどが十分に考えられる。海外からの研修生や留学生もこれから増加するだろう。彼らに教育したり正しく導くための役割もシニアの新たなビジネス領域と言える。

　少子化の原因の一つに、子供を育てやすい環境の不足があげられる。教育の問題も含めて、すでに書いたが「シニア保育士」などが増えれば、安心して子供を預ける環境もできる。介護の分野もそうだ。すでに「老老介護」と呼ばれているが、呼び方自体からして、少し悲壮感がただよう。シニアがシニアの介護を一般化すべきだろうし、職業としてのしくみづくりも大切だ。シニアの気持ちを一番よく理解できるのはシニアであることは当然だ。すでに実証がスタートしているが、金銭の授受だけでなく、ポイント交換などによる相互扶助のしくみもあるだろう。不公平なく、貢献がリターンとして返ってくることがやる気を生み出す。街の再生にもシニアにがんばっていただきたい。日本はいたるところで住まいの老朽化が進んでいる。特に、高度経済成長期に整備されたニュータウンはゴーストタウン化が進み、今後の再生が急務だ。空き家の問題をどうするか。そこをシニアにとって快適な街へと変貌させる。この牽引役もシニアがピッタリだ。

また、一般企業におけるシニアの活躍も今までにない発想が必要になる。カナリアから2015年2月に『シニアはまだ眠らない』を発刊している加藤敏明さんは69歳。長年の人材育成の経験を生かし、株式会社就職塾を設立し、若者やシニアのメンタルカウンセリングの日々を送っている。加藤さんは常日頃、シニアの社会における役割をもっと広く認識していただきたいと語る。「例えば、障害者雇用が広がりつつあるが、その際にシニアがサポーターとして就くこともできる。『ジョブヘルパー』として社内と本人の円滑な関係づくりをサポートする役割として、人生経験豊富なシニアが最適だと思います」。こんな発想も近い将来、実現していくのではないだろうか。

一方、ICT活用の分野においてはシニアと相容れないように感じられるが、これはテクノロジーを中心に物事を考えるからだ。いわば、「交通機関」や「最新施設」と考えればよい。前述したように、シニアが快適に暮らせる街づくりはシニアが一番理解している。そこにＩＣＴがどう融合していくか。ポイントはそこにある。詳しくは第６章で説明する。

シニアビジネスはパラダイムシフトの時代を迎えている。従来のシニアビジネスのまま考えると迷走を続けることになる。シニアビジネスこそ創造的破壊（デコンストラクション）が求められる分野なのであろう。第２章でも述べたが、シニアはアジアでこそ活躍できる場がある。何よりアジアが日本のシニアを求めているからだ。シニアがアジアや世界に対しても貢献できる部分は多い。日本のシニアが世界中のビジネス推進の牽引役になっているという近未来を想像するくらい、発想の転換が必要なのではないか。日本とアジアそれぞれで、シニアに活躍していただき、連携していくのが理想だろう。

シニアの起業は日本型アントレプレナーシップ

戦後日本は、ほとんどゼロから出発し、貧困からはい上がるような活動のなかでビジネスが生まれ、ソニーやホンダも育ってきた。それからはや70年。ビジネス環境は激変している。中国にＧＤＰは抜かれたとはいえ、世界有数の先進国であることに変わりはない。

定年を迎えた団塊の世代の多くは、そこそこ年金も受け取れ、生活の心配をすることもなく、その知識・経験・ノウハウを好きなように活用できる。

やはり、いま必要とされているのは、いろんな意味で、地に足のついたビジネスだろう。地域に目を向け、環境に目を向け、地球に目を向ければ、解決を待っている課題・問題がたくさんある。日本はこれから多様性とミクロの視点でビジネスを構築していく必要がある。

そこでは、これまでの日本のように、「エコノミック・アニマル」の如く、ガツガツ競争したり、争ったりする必要はない。むしろ、さまざまな分野の人と積極的にコラボレーションして、共存・共栄を図る形で新しいことに挑戦していけばいい。

もちろん、起業である以上、アントレプレナーシップは大切だ。起業家精神のことだ。新しい事業の創造意欲に燃え、高いリスクにも果敢に挑む姿勢を指す。しかし、必要以上に無理に売上を伸ばすことはない。無理に会社を大きくしたり、ＩＰＯを目指したりしなくてもいい。変な野心も無用だ。もちろん、ＮＰＯ法人でもいい。

その人にあった、身の丈にあった分野・テーマ・場所・方法で、小さく生んで、継続的に育てていけばよい。その意味で、資金調達も従来型のベンチャー・キャピタルも必ずしも必要としない。いまは、いざとなれば、クラウドファンディングという資金調達法もあるし、個人の支援もしやすい世界だ。

同じ起業でも、こうしたシニアならではのスタイルがあるはずだ。私はそれを、新しい日本型アントレプレナーシップと呼びたい。いまどきの草食系の若者とは違い、生活に困らないお金も、闘い続ける根性も、見果てぬロマンもある。まさに肉食系シニアだ。そして、何より日本の成長を牽引してきた経験があるのだ。若者にものわかりのいいシニアではなく、「ちょい悪オヤジ」として、かっこよく、再び羽ばたいていただきたいし、私も将来そうなりたい。

地域活性化ビジネスはシニアなくして成り立たない

地域活性化ビジネスでは、シニアが活躍する事例が増えている。その走りともいえるのが、徳島県上勝町の「葉っぱビジネス」だ。１９８６年から日本料理を飾る「つまもの」として葉っぱの出荷・販売を開始し、いまでは年間2億６０００万円を売り上げている。

その主役はシニア、それも結構な高齢者が中心だ。彼らが、パソコンやタブレットからの市場情報にもとづき、日々出荷している。シニアに仕事ができたことで町も元気になり、仕事が忙しくなってきたせいで、老人ホームの利用者数が減り、なんと町営老人ホームは廃止されたと言う。「忙しゅうて、病気になっとれんわ！」と言うおばあちゃんもいるとか。その相乗効果ははかり知れない。２０１２年には、『人生、いろどり』という映画にもなった。

「葉っぱビジネス」は、こうしてあまりにも有名になったが、超ニッチな世界で、どの地域でも真似できるものではない。しかし、これに限らず、シニアが地域に根ざし、地に足をつけて、地域に貢献できるビジネスはたくさんある。

コラムで紹介しているＮＰＯ法人吉野川に生きる会は、同じ徳島県だが、美しい吉野川とその流域の自然を守りながら、吉野川の恵みである農林水産物を活用し、産業や歴史と文化を基盤とした観光事業を起こすことを提案・推進している。ここでも、活動の中心を担っているのはシニアだ。そして、活動を通じて住民がつながり、一体となり、親切で潤いのある社会をつくることを目指している。

ここで注目したいのは、「悠久の恵みを受ける吉野川、そして古代忌部の歴史を持つ徳島を、おもてなしの心で世界に発信します」とブログで謳っている点だ。

「おもてなし」は、東京オリンピック誘致のプレゼンスピーチで２０１３年の流行語大賞にも選ばれたが、日本を世界にアピールしていくには格好のキーワードであり、それを担っているのは他ならぬシニアである。そして地方にはこういう「おもてなし」サービスが実現できる素地が、数多くある。

農業の再生や活性化も地域活性化の重要な課題の一つだ。農業の最大の問題は、誰が農業をするかに尽きる。ここをおいての議論はナンセンスだ。世界に比べたら狭いとはいえ、人口比にしてもこの広大な農地を、誰が耕して農作物を育てればいいのか。海外の研修生を活用するのも一手ではある。しかし、根本的な解決にはならない。特に、田舎は農業の場所としてだけでなく、環境保全、景観保全としての役割もある。やはり、誰かが住むことが重要なのだ。

その意味で、地方への高齢者移住を支援することで地方の活性化をはかろうという政府のＣＣＲＣ（継続介護付きリタイアメント・コミュニティ）制度の推進は間違っていない。２０１５年８月、「日本版ＣＣＲＣ構想有識者会議」では、退職高齢者の地方移住の受け皿となるＣＣＲＣ構想の中間報告をまとめた。正式名称を「生涯活躍のまち」とし、高齢者の移住受け入れに積極的な地方自治体が制度設計の中心的な役割を担うべきだとした。どのように進むのか、多少の期待を持ちつつ注目している。

農業については、市民農園の意義・役割も小さくない。耕作放棄地を活用し市民農園として提供する会社も登場している。農業としての側面だけでなく、人材活用の場としての側面もある。そこには、将来を見据えたシニア予備軍がいるからである。まさに人生二毛作の二毛作目に農業を選択する人は増えつつある。

第1章では、インバウンド（海外から日本に来る観光客）による地域活性化にも触れたが、地方の秘境や古民家などを観光資源として復活・活性化させると、そこは、そうした知識や経験の豊富なシニアが不可欠となる。地域活性化ビジネスは、今やシニアなくして成り立たないのである。

自分たちの時代は自分たちで創る

私は起業して20年を超えたが、いまの日本のような成熟した社会では、起業するのにワクワクするテーマには残念ながらそうそう出会わない。ちょっとしたアイディアも、すでに誰かが気づいていたり、すでに実用化されていたりする。誰もが気づきそうなアイディアは、実際誰もが気づいているのだ。

そういった意味では、発展途上国に目を向けると、いたるところでワクワクするテーマに容易に出会える。アントレプレナーシップが一番マッチする場所である。

しかし、考えてみると、実はワクワクできるビジネスは、もっと身近にあった。高齢化社会でのビジネスである。高齢化は、ともすると悲観的ばかりに語られがちだが、まだまだビジネスにかかわる体力・気力・知力を持っているシニアは多い。元気なシニアを活かさない手はない。

私もあと10年もすればその仲間入り。ならば、自分たちのために、住みよく楽しい、シニアが主役の世界を自分たちで創ればよい。「シニアの・シニアによる・シニアのための世界」をである。

戦後、復興から高度経済成長を担ってきたシニアが、一番楽しく取り組めるのが、自分たちの手による自分たちのためのビジネスの創造だろう。「シニアビジネスでもう一花咲かせましょう」である。そういう意味で、シニアみずから、そして、近い将来シニアになる私たちシニア予備軍が、タッグを組んでビジネスを創造するのが何よりも一番良いと思う。

シニア起業は再チャレンジが難しい？

日本で起業家が輩出されにくい原因の一つは、融資に際して経営者の個人保証を求めることだと、すでに書いた。

本来ならば、企業を守るべき日本の金融当局は、残念なことに、個人保証や第三者連帯保証という極めて不利な条件を日本企業に課すことを容認してきた。そのため、日本の起業家は、一度失敗したら、自宅や財産のすべてを失うこととなり、再起は困難になってしまうのだ。

さらに、経営者は、自分の個人保証に加え、金融機関から融資を受けるときに、連帯保証人が必要とよく言われる。起業したくても、保証人を見つけられず、融資を受けられず、よいプランや優れた才能があっても、起業できないケースも少なくない。

仮に、連帯保証人を見つけられても、失敗するとどうなるか。頼むときは「絶対に迷惑はかけない」と誰もが言うが、景気低迷が続いている現状では、経営に行き詰まることは珍しくない。容易に起こりうる。失敗すれば、当然連帯保証人に取り立てが向かい恨みを買うこととなり、その業界や地域で再度活動をすることは難しくなる。どう考えても、こうした制度・慣行は、起業の意欲や機会を損なっているとしか言いようがない。

安倍首相が「再チャレンジができる国」にと、みずからをオーバーラップさせて声高に言っていたが、なかなかそうなっていない。私も経営者のひとりとして、おおいに期待はしたが、その後、たいして変化はしていない。それだけ根が深い問題ということだろう。

ただ、今日のシニアは、自己資金がほとんどなく借り入れに頼るような起業はしないと思う。シニア起業する方の大半は、資金のメドは立っている。実際に中小企業白書でも一番自己資金を出しているのはシニアである。

それでも、起業にはリスクがつきものだ。失敗したときには大きな痛手となる。人生を400メートル競走に例えれば、シニア起業の失敗は、第4コーナーで転ぶことに等しい。それだけはごめん被りたい。仮に転んだとしても、かすり傷程度で済ませたい。そのためには、自己資金と出資金の範囲内だけで、最低限の後始末ができるようにしておくことが絶対に必要なのである。

そして、周囲も失敗をなじるようなことは、しないようにしたい。若い人なら失敗してもやり直せると許されやすいが、シニアでも同じである。いや、なおさらである。やはり挑戦は大切だ。貴重だ。どんどん増やしていきたい。挑戦した勇気や試みは、必ず自分の将来と周囲へ良い影響を与える。だからこそ、誰もが挑戦しやすい社会を創っていかねばならないのである。

ビジネスはロマンとソロバン

企業経営の考え方において『ロマンとソロバン』という言葉を聞いたことがある方は多いのではないだろうか。二宮尊徳の有名な格言にも「道徳なき経済は罪悪であり、経済なき道徳は寝言である」というものがあるが、要はビジネスにおいては理念と利益の両方を求めなければいけないということだ。

このことを、とても熱く私に語ってくれるのが、私の大学の先輩にあたる、アクティビジネス株式会社の大西啓義社長だ。大西さんは、経済界で強いリーダーシップを発揮していた櫻田武社長に惹かれ、日清紡に入社し人事部門などで活躍。日清紡がブラジル工場設立時の初代現地責任者として赴任し活躍された方だ。その後、独立され企業の人材育成などに携わり、10数名の上場企業経営者も送り出している。現在72歳にして、私塾を複数運営し、後進の教育にも積極的に取り組まれている現役の経営者である。また囲碁七段で経営に囲碁は活かせると、囲碁の楽しみ方なども伝授し続けている。

高度経済成長期、バブル期を経験し、さまざまな企業経営を見てきた大西さんだからこそ語る言葉に想いを感じる。企業を永続するには利益だけを追い求めて経営をしていても長続きはしない。夢ばかりを語っても収益性がなければ当然ビジネスは成立しない。このことを真に理解できている経営者はどれくらいいるのだろうか。私も身に沁みる。問題になっている東芝なども最たる事例だ。利益を追求し続けた結果、不正会計処理を行い、創業140年の名門企業の経営の危機を招いている。まさに、『ロマンとソロバン』があれば起こらなかったのではないかという事例の一つだ。

儲けだけを追い求めるビジネスや経営は、資本主義の世界では賞賛されることは多い。理由は簡単だ。儲かるからである。右肩上がりで、イケイケの時代であれば、そういうことは多々あるだろう。しかし今は違う。社会のしくみをオールジャパンで創造的破壊をしなければいけないのだ。儲けだけの会社では、短期的には何とかなっても、中長期的には役に立たない。

私は『ロマンとソロバン』両方のバランスを上手に取れるのがシニアだと思っている。何十年とビジネスの現場で真剣勝負をされてきたシニアは、これからさらに利益を追求して、という考え方にはならない。どちらかと言えば、後世のために今までの経験を活かしたい、環境や地域、社会に貢献したいという考えが主だ。私の周りにはそういう考えのシニアが多く集まってきていると感じる。

現代のシニアは体力、気力的にも大変アクティブだ。その力を持て余している方も多い。何より、日本の高度経済成長期を支えてきた現場ノウハウを持っているのは、そういったシニアの方々だ。そういったシニアが活躍できる場をつくるには、数多くのシニアビジネスの誕生が必要だ。

今の若い起業家は『ロマンとソロバン』のバランスが崩れている。社会起業家も存在するが、数が少ない。利益を追い求めて、かつ日本のこれからに貢献できるようなビジネスを生み出している経営者はどれくらいいるのだろうか。確かに過去に比べ、現代社会はビジネスをやりづらい環境にあるのかもしれない。

世の中を見渡せば、日本社会はできあがったものが多い。だからこねくりまわすビジネスが生まれ、無駄なサービスが生まれる。そんな世界でビジネスをするのは正直楽しいものではない。アジアでビジネスをしていると、こういった現在の日本は大変疲れるのだ。一方で、アジアはまだまだ完成途中と言える。未完成だからこそシンプルだ。商売の原点

ビジネスはロマンとソロバン

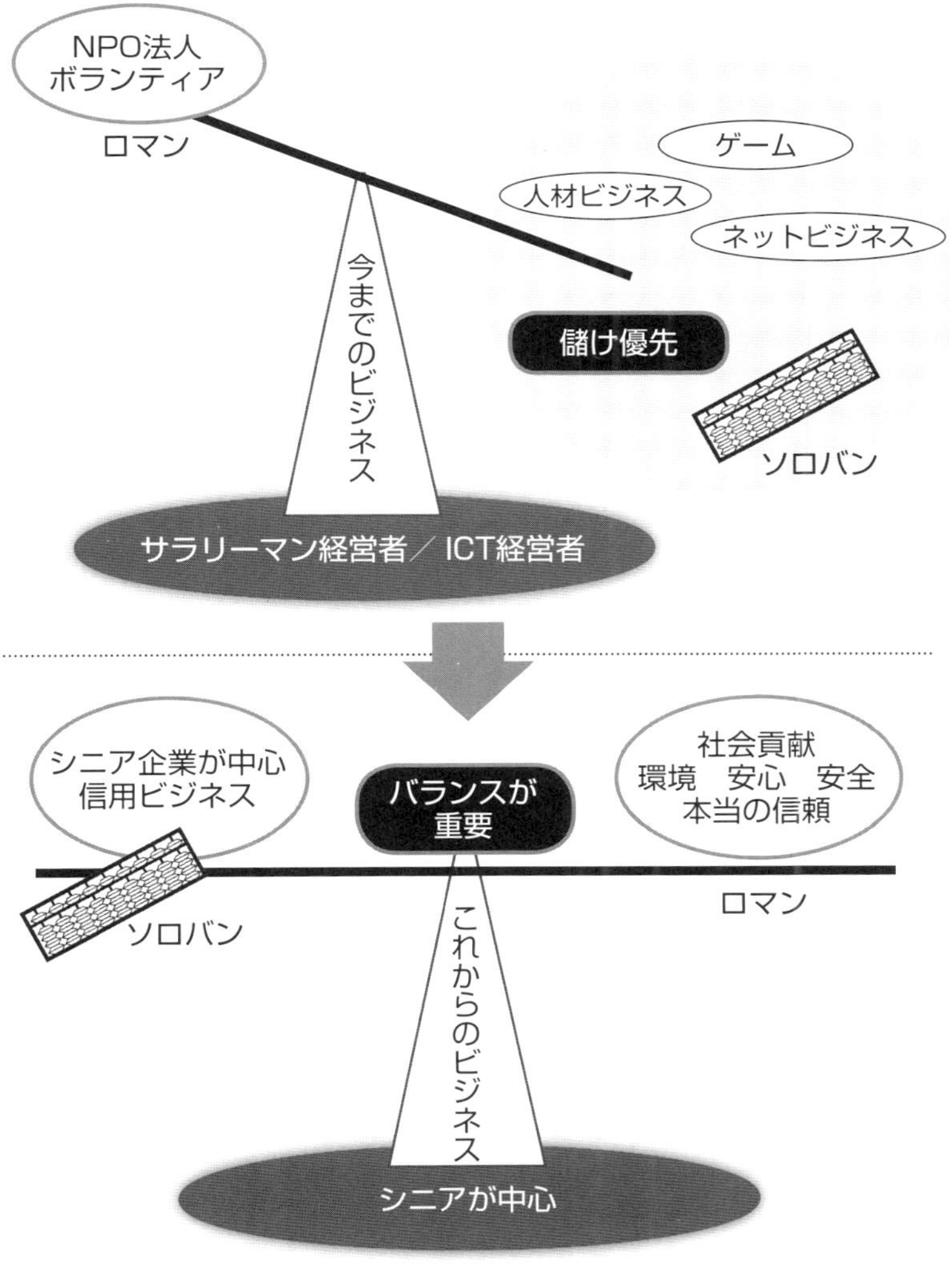

はアジアにあるのだ。

アジアでこそ、『ロマンとソロバン』のビジネス感を持った人にビジネスをしていただきたいと思っている。

金儲けだけではなく、アジアのこれからに貢献する、そのためのビジネスを考え実現することが、結果的に日本へも戻ってくると私は確信している。そもそも、私はアジア進出支援をするスタンスとして、「儲けだけ、自分のことだけを考えているような会社はアジアへ来るな」としつこく言っている。相手の国は、相手の事情、課題があり、本当は自分たちの力で成長、発展したいと思っている。相手のことを考え、相手の立場に立ったビジネスを創造する。そうすれば、自然とＷｉｎ－Ｗｉｎの関係になる。シニアビジネスもこういう領域だと私は思う。

第4章

中小企業と日本はシニアで蘇る

中小企業に若者が集まらない残念な国・日本

私が生まれた頃からすると今の日本は豊かである。では、この日本の隆盛は誰が築き上げたのか？　大企業なのか？　いや、中小企業であることは間違いない。大企業の仕事は基本的に中小企業に発注される。厳しい品質と納期の要求に応えながら、中小企業は技術を磨き続けてきた。それが世界に認められ、いつしか日本は世界の経済大国の仲間入りを果たした。そこには、個性あふれる創業者はおり、すでに述べたように人間味あふれる現場がある。技術と品質にこだわり続ける彼らの原動力とはなんだったのか。戦後の辛酸を舐めた豊かさへの渇望だったのかもしれない。「ジャパン・アズ・ナンバーワン」をつくりあげたのは彼らだった。

ここ10年ほど、中小企業の創業者たちは未来の自社の躍進や変革のために大卒採用を積極的に推進しようとした。しかし、その想いに反して、中小企業で働く若者は一向に増えない。とても残念な国だと思う。日本の若者はどうして大企業が好きなのか？　私は、中小企業支援をしながらずっと考え続けている。以前は、大学での講義依頼があると積極的に学生に対して話をしていた。「会社は社会の入り口である」が持論である。こんな恵まれている時代、会社なんてどこを選んでも一緒である。まずは、社会勉強と考え、働く環境や報酬に対して四の五の言わずに働いてみたらよい。だから、会社などどこでも一緒。こんな考えをさまざまな学生に伝えてきた。

ところが、世の中は、ますます若者を甘やかすばかり。拙著『だから若者は社会を迷走する』（2009年2月・カナリア）でも述べたし、今でもブログでときどきそのテーマでも発信している。最近は、更新頻度は少ないが、就職活動時期が近づくと、アクセス数は不思議と伸びる。私の基本的な考えは「若者はできるだけ早めに中小企業やアジアを体験すべき」である。新卒から見たら、むこう約60年近く働く時代が到来している。駆け出しの頃に一番重要なのは、タフなビジネス筋力を身につけることだ。それと同時に、終身雇用制度が崩壊し、グローバル化の波に飲み込まれる日本経済において、安定的に見える大企業は実は幻であることも理解したほうがよい。自立したビジネスパーソンを目指すならば、中小企業の方が現場力を鍛えられる。

リーマンショック後、大企業の採用が激減した時期に中小企業に若者も向かい始めた。しかし、景気の回復が進むと結局、若者は安定志向に戻り、大企業に向かう。これだけ先行き不安定な経済環境が続く中、ある日突然大企業が万単位の社員をリストラすることも

寄らば大樹の陰

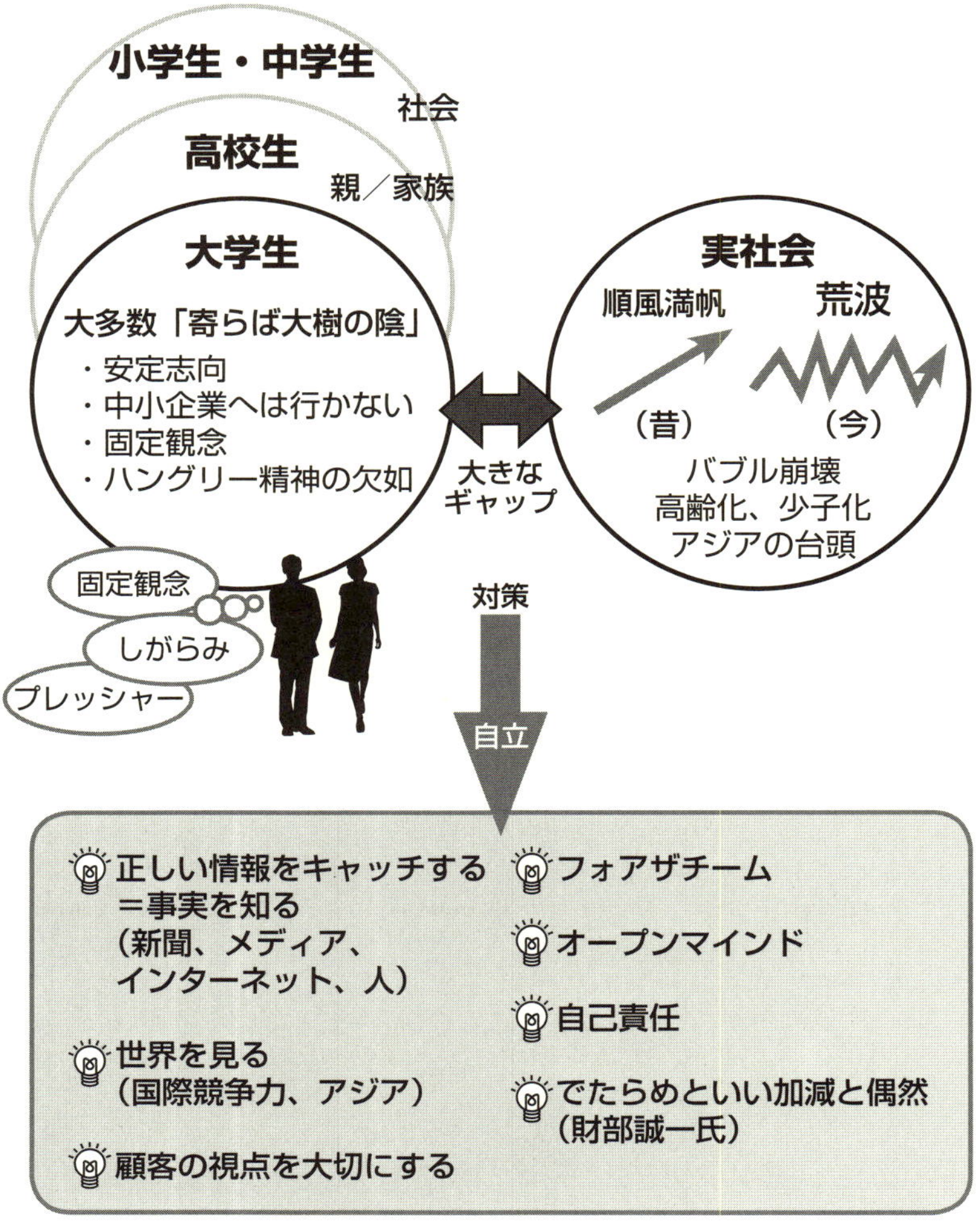

小学生・中学生
社会
高校生
親／家族
大学生
大多数「寄らば大樹の陰」
・安定志向
・中小企業へは行かない
・固定観念
・ハングリー精神の欠如
固定観念
しがらみ
プレッシャー
大きなギャップ
実社会
順風満帆
荒波
（昔）
（今）
バブル崩壊
高齢化、少子化
アジアの台頭
対策
自立
正しい情報をキャッチする
＝事実を知る
（新聞、メディア、
インターネット、人）
世界を見る
（国際競争力、アジア）
顧客の視点を大切にする
フォアザチーム
オープンマインド
自己責任
でたらめといい加減と偶然
（財部誠一氏）

珍しくない。ある日、世界企業に買収されても不思議ではない。清武英利氏の著書『しんがり 山一證券 最後の12人』（2013年11月・講談社）はドラマにもなり、巷で話題となっている。あの衝撃的な山一證券の廃業はもう十数年前になるが、過去の話として風化させて良いのだろうか。結局、「寄らば大樹の陰（右図参照）」が延々と続いているのが日本なのだ。いまさら、誰が悪いということでもなく、そのような社会である。当然、若者の責任でもない。

存在しないレールに沿って走ることを教えられ、本人も外れてはならないと慎重かつ保守的に物事を思考する。私はもともとレールのないところを走っていた人間だ。だからバブル崩壊と同時に起業することができたのだと思う。最近の日本人から見たら私は珍しい人間の部類に入るのだと思う。しかし、自分自身は楽しくて仕方がない。

そんな保守的な傾向がますます強まる国内だが、東南アジアでは変化の兆しが数年前から見えてきた。当社では、10年以上前からベトナムの現地法人において日本からの学生インターンを受け入れてきた。1週間の短期から約1年間までさまざまだ。当社の現地営業、飲食店でのサービス業、ビジネスマッチング支援と多岐にわたる体験ができる。3年ほど前から、経済産業省なども学生インターンをベトナムなどの東南アジアに送り出した。あと10年〜20年もすれば、日本の学生がダイレクトにアジア現地の企業、オールローカルな企業に新卒で就職し、活躍する時代が来ることを願っている。そうならないと日本の未来は期待できない。だからこそ、このようなインターンの場を創造してきたのである。

中小企業に埋蔵されている技術やノウハウはシニアが持っている

当社は、中小企業支援をコアにして経営するのはベトナムなど東南アジアでも変わらない。なぜ、私が中小企業支援を展開しているのか。それは自分の育った環境によるところが大きいと考えている。私の父は農家だったが、今で言うところの農業ビジネスをしていた。独力でブランド化した鳴門金時（さつまいも）を販売していた。父が他界した今でも、弟が後を継ぎ、父の名前で鳴門金時を出荷している。

私は、ガテン系の雰囲気とノリが大好きだ。建設現場でたき火をして暖をとりながら、その日の段取りをする。漁師が獲れたばかりの魚を船上でさばいて食べる。こんな感じが好きだ。仕事上、建設業、製造業、飲食、小売、エネルギー関係など、さまざまな中小企業の現場で仕事をしてきた。みなさん、ほとんどが汗にまみれて土やホコリの中での仕事だ。そして、どこの会社にもいぶし銀のベテランがいる。頑固親父でもある。正直付き合うのが面倒くさい人もいる。彼らは『経験と勘と度胸だ』と言う。

情報化の時代、私は当然それだけではダメだとは思っているが、彼らの経験によるノウハウや技術は宝物だ。アジアで日本が貢献できることを考えてみると、日本の技やノウハウがどこにあるかがすぐにわかる。例えば、建設現場。今の日本の大手ゼネコンは極端に言えば、現場を監督しているだけである。現場のノウハウは、いわゆる下請けの職人たちが持っている。逆に言うと、すでに書いたが、職人がいなければ、ビルは建たない。今の日本の大企業で働いている人は中小企業の現場が見えていない人が多い。少なくとも頭ではわかっていても、体ではわかっていない。下請けの中小企業に仕事を出してしまえば、現場が何をやっているかは知らなくても大企業では通用する。

もっと言えば、今の日本の大きな問題点は、都会などで生活していると、表面上の労働しか見えないことだ。世界に誇れる製造業の末端の下請け工場の現場で、海外からの研修生がたくさん働いていることは、今でもほとんどの日本人は知らない。つまり、きれいな仕事しか今の子供たちは見えなくなっている。これからの日本を考えると悲しい現実である。

また、今やコンビニは日本中にある。24時間、何でも買える。子供の頃からコンビニに囲まれている若者は、大量に陳列されている商品がどこで誰の手によってどのように作られたか、関心も持たないだろう。すべて買うことから始まる。私は農家の生まれなので、コンビニのおでんの大根を見ると、この大根は誰がどこで作ったのかとつい想像してしまう。子供の頃、寒い冬に大根の出荷の手伝いをさせられていたので余計、大根を見ると熱いものを感じてしまう。魚も自分で釣って食べていたし、貝も海に潜って採って食べていた。

今、東南アジアの現地の賢い経営者は日本の事例などをよく研究している。そして、そのノウハウは中小企業や零細企業にあることを知っている。だから、日本の中小企業と組みたいと考える。しかし、なかなか思いどおりに連携は進まない。なぜなら、日本の中小企業や零細企業が海外にでていってビジネスをする余力もない。「じゃあ自分が変わりにやろう」と言う、そんな気概のある若者も皆無だ。さらに、そもそも若者はノウハウがあまりない。だからこそ、シニアの出番ということを現地の人々はよく理解している。

シニアパワーで会社を変革する時代

前章でシニア起業への期待感はすでに述べた。起業といえば、当然、新しく会社が生まれるということだが、すでにある約４２０万社といわれている中小企業のこれからの変革もシニアが支えていくと言っても過言ではない。

戦後、数多くの中小企業が生まれた。あれから数十年が経ち、中小企業の存続が日本の国の根幹を揺るがす時代になってきた。中小企業なくして大企業は成立しない。建築でいえば、土台や基礎が中小企業で壁や屋根が大企業なのである。

中小企業の一つの問題点は、すでに述べたが中小企業で働く若者が少ない点である。ゆえに、中小企業では新陳代謝がいまだ進まない。社長の高齢化も問題だが、社員の高齢化を私はもっと問題視している。

一方、世間はシニアの定年延長や再雇用などの話題でにぎわっている。先日も日経新聞に70歳定年がいよいよ常識になりそうな記事があった。しかし、そろそろ思い切って発想を転換してみたらどうかと思う。つまり、新入社員を採用するように、シニアを採用するのだ。今まで会社員をしていた人と見て、その延長線上で考えるから中途採用となるが、考え方次第では、シニア採用は新卒採用ともいえる。

「高齢社」という会社がある。高齢者しか採用しない、高齢者だけの会社だ。みんな新卒同然だ。なんと分かりやすいことか。例えば、20年前に社員の平均年齢が25歳だった会社が、社歴を重ねて今や45歳。古株ばかりで活気を失いがちだ。どこの中小企業でも、古株のマンネリ化や停滞感で社長は頭を痛めている。私も偉そうなことは言えない。似たような課題と毎日闘っている。しかし、ここに65歳のシニアマネージャーが参戦すると、40代は、みな若者になる。シニアマネージャーも新人、古株も新人だ。まさに発想の転換。

こんな経営変革のお手伝いを、そろそろ真剣にはじめようと考えている。色々と考えられる。若手社員中心のＩＣＴ会社にシニアが入れば、シニアに役立つＩＣＴのビジネスが発案しやすいだろう。海外の経験がない地方の中小企業が、元商社マンで企業戦士として世界を飛び回ったシニアを採用すれば、アジアは身近になる。こういう人は、語学も堪能。鬼に金棒だ。新ビジネスの創造や海外展開に、シニアは新戦力として活用できるのだ。知恵やノウハウを売りにする会社ではどうだろう。シニアそのものが価値ともいえる。70歳のコンサルタントが平均年齢60歳の会社をサポートする。これも面白い。経営情報誌などの情報ビジネスもシニアが期待できる分野だ。

こんな風にシニアマーケットというブルーオーシャンを見据えた場合、シニアが中心の会社の可能性は実に大きい。この本のテーマでもあるシニアライフを豊かにするシニアビジネスの創造の分野などは当事者であるシニアを主戦力として構成する会社が強いのは明白なのだ。

そして、この本のもうひとつの大きなテーマはシニアとアジアだ。中小企業やシニアがアジアの将来に貢献することができるはずだ。日本にもアジアの若者が勉強のため、仕事のために来日するケースが増えてきた。留学生、研修生、就労などいくつかのケースがある。詳しくは『アジア人材活用のススメ』（２０１２年12月・カナリア）を見ていただきたい。以前から中国、韓国、台湾などから来日する人は多かったが、今は、より若いベトナム、ミャンマーにシフトしつつある。造船所の現場や農業分野で働く研修生も増えている。

私は来日の理由はともあれ、せっかく日本に来たアジアの若者と、日本のシニアが連携すれば、イノベーションは起こせると考えている。日本のシニアは日本の昔を知っている。アジアの若者はいまのアジアを知っている。

日本のシニアがアジアの若者とビジネスを協業して、創造するしくみづくりを構想している。経済産業省にも既に提案した。海外から日本に来ている若者は、日本の経験を活かして自国に戻り起業する人も多い。膨大なマーケットがあるのだから、チャレンジするのは自然の流れだ。ここで日本の経験が活きる。自国の近い未来の先進国のイメージを体験すると強い。しかし、自国の現状にマッチさせるには、日本の昔を知っているシニアと組むのが成功への一番の近道なのである。

また、中小企業がアジアに進出すれば、当然現地で社員を雇用する。すでに書いたが、シニアが人材育成するのがちょうど良い。日本国内でも中小のアジア進出の動きが少しずつ始まりつつあるが、まずは、その準備として、中小企業が積極的に海外から日本に留学生や社員の受け入れをするケースも増えてきた。ここでもシニアの存在は貴重だ。ノウハウを日本人の若者だけに伝授する必要もない時代。少し、グローバルに考えてもシニアパワーが活躍できる中小企業のフィールドは飛躍的に広がっていくのは間違いがない。

シニア予備軍の転職に対して思うこと

65歳以上をシニアと考え、シニア予備軍を40～64歳までと定義して話を進めていく。40代や50代の転職はなぜ、成功しないのか？　特に大企業から中小企業への転職は難しい。私も創業したての頃から、10歳も15歳も年上の社員採用を積極的に行っては失敗を繰り返した。本当に痛い目にあった。チャレンジ精神が過ぎたともいえるが、結局は、年長者の仕事スキルをまだまだ見抜けなかったのだろうと思う。今は、私は53歳になったが、さすがに社員として60歳手前の元会社員をどんどん採用するのには勇気がいる。一方、私より年下の40歳前後の中堅社員の採用は常に積極的だ。つまり、私が若かった頃の年上の人を今、年下として採用しているわけだ。

今の年齢になってわかってきたが、40代もシニア予備軍とすれば、すでに二通りにわかれていることが見えてくる。その年齢になると普通の人は固定観念に支配され、「アカ」が溜まりだしている。昔の成功体験が頭から離れない。特に大企業のみで過ごしてきた人は典型だ。言うまでもないが新天地では「ゼロからスタート」できるかが勝負だ。

時代の事情から、大企業から中小企業への転職も産官学の望みだが、成功事例は極めて少ない。ちなみに経営者仲間は、みな一様に同じ考えだ。「40歳過ぎたら人は変わらない」と。適応できにくい最大の理由は使ってきたビジネス筋力が違うからだと考えている。その人のやる気やポテンシャルの問題ではなく、使える筋肉が違うので簡単には適応しない。この筋肉とは、体（スキル）と頭（考え方）の両方のことである。やはり、多くのシニア予備軍が変化に適応することが難しい。

すでに取り上げたが、守本さんの著書は大企業の会社員の転職の課題についても、わかりやすく書いている。シニア予備軍の間に、会社に依存せず、来るべき未来に備えて、自分で準備するのが本当は一番である。国がそれらを支援するしくみをつくることも大切だ。シニア予備軍のための学校も必要だろう。

人生少なくとも『二毛作』は当たり前の時代。仮に今50歳とすれば、今まで過ごしてきたのと同じほどの働く時間がある。しかも、知恵や経験を積んでいる分、単純に半分が残っているのではない。その気になれば、今までの数倍から10倍以上、充実した人生を送れるだけの期間だと思っている。だからこそ、大企業で働いてきた人々は、どこかのタイミングで1年ぐらいは自分だけの肩書で自立してやってみる期間が40代後半から50代前半ぐらいの間にあればよいと思う。錯覚や思い込みは消えるし、社会に適応するという意味で自分の真の実力が少しはわかるはずだ。

そして、小さい単位でも、全部自分でやる。つまり、全身の筋肉を使ってみる。変化に適応できる基礎トレーニングにはなると思う。大企業を辞めて中小企業に転職して苦労する人が絶えないのは、ビジネス筋肉の違いともうひとつは自立心だと思っている。

前者は筋肉トレーニングと一緒で根気よくやっていればいつかは適応できる。しかし、自立心は如何ともしがたい。依存は傲慢と横柄を生み出す。そして人の話も聞かなくなる。責任を人に転嫁する。「鶏口となるも牛後となるなかれ」。シニアの世界は結局、個人や中小の世界なのだ。自分の本当のスキルと会社やブランドの下駄はかせを捨てて、自立型になれるかどうか。これからの長いシニアライフを充実して過ごせるかの大きなポイントだと思う。

中小企業の後継者問題を考える

今、中小企業の後継者問題が深刻だ。中小企業の約3分の2が後継者に悩んでいる。債務保証の問題はすでに書いたが、「後継の社長が見つからない」のには他にも原因がある。そのひとつはそもそも社長のなり手が不足しているということだ。起業のテーマでも書いたが、起業にしても中小企業の社長にしても、今の日本で経営リスクをとって社長業をするのはなかなか割に合わない。だから、中小企業の世界で社長といっても魅力的には映らない時代だろう。長い間、憧れの職業でもなかった。結果、経営の訓練を受けている人が減っている。つまり、社長を務める力量不足である。M&Aの世界でもよく言われるが、実は、買収を仕掛ける側の会社に社長をデキる人は極めて少ない。だから、買収される側の社長に継続してもらうケースも多い。もちろん、人心を離散させないという大きな目的もあるが、買収する会社に優秀な社員はたくさんいても、社長ができる人がいないのが実情である。確かに、私も社長業をしているが、よっぽど変わり者でない限り、今の日本のファイナンスのしくみや慣行の中で社長をするのはリスクが大きいと思う。まして、経済が不安定な時代に何十年も活動してきた中小企業のしがらみだらけの会社の社長を引き受けるとなると、ますます、なり手はいなくなる。それに、重責を担ってもそれに見合うリターンがあるかといえば、こんな先行き不透明な経営環境では確率は低い。まさしく、ハイリスク・ローリターンである。

私の長年のビジネスパートナーである株式会社バンステーションの社長である岡田政之さん（73歳）は、シニアの社長請負人の仲介をしている。昔は、有名なＩＴ企業で勤めていた。すでに独立されて23年になるが、豊富な人脈を活かして、シニアの社長請負人を中小企業に送り出している。私は、これからの事業承継の中継ぎとしてもシニアの社長請負人は重宝されると思っている。創業社長からすれば、Ｍ＆Ａで売却するという手もあるが、何らかでもみずからの関われる範囲で継続したいと思う社長も多いだろう。自分の子供への継承ができないなら、次はプロパー社員へと考える経営者も多い。ところが、なり手がいない。打つ手が限られている。そんなとき、シニアの社長請負人が数年間のつなぎをしてもらえば、日本の未来におおいに貢献できる。社長経験者なら最適だし、社長経験者ではなくても、社長の参謀を務めていたシニアであれば、務まる仕事だ。老舗の中小企業に必ずといってよいほど存在する番頭さんの活躍の場でもある。

とはいえ、事業承継のシーンで時々でくわすのも、シニアの年代の番頭さんが悪影響している会社である。今、日本の中小企業は二世三世の社長も多い。戦後から中小企業がたくさん生まれたが、世代代わりの途上だ。そんな企業には、先代の番頭さんが存在感を出しすぎて、組織に君臨し、弊害になっていることも多い。もっと、シンプルに書けば、牛耳っている構図にすら感じる。そんな企業のお手伝いもしてきたが、結論から言うと番頭さんがいる会社は革新的なことは起こりにくい。番頭さん自体が変化を嫌うからである。結果、若社長の成長の機会をそいでいることが多いと思う。考えて見ると仕方がない部分も多い。子供の頃から知っている番頭としては、いつまでも子供扱いするだろうし、どうしても立場上、先代と比較してしまう。そして、若社長が未熟にうつり、知らず知らずに自分が存在感を増していく。

ただでさえ、日本の二世三世は保守的だ。典型が海外進出。まるで、大企業の会社員のようなことを言う。せっかくの基盤があるのに、なんともったいないことかと嘆いてしまう。だから番頭さんは、違う会社の番頭をすればよいのだ。あるいは社長請負人でもよい。他社の二世三世の子供の頃は知らない。先代と比較もできない。これを人材ビジネス視点でいえば、番頭さんだけに限らないが、先代とともに成長してきた、優秀な古参社員は、他の会社に転職すると中小企業は活性化するのではないだろうか。

大企業の中年人材の転職の促進は、時代の要請で必然的に行われてきた。しかし、これからは中小企業の中年人材の流動化のほうが大きな意味を持つ。

アライアンスの時代はシニアが付加価値を生み出す

私が創業した時代から、異業種交流会は数多く開催されてきた。先日調べたら、大阪でも８００ほど開催されているらしい。今でも商工会議所、民間の支援会社、個人コンサルなどの運営する交流会は山のようにある。最近では、顧客の囲い込みを狙って、金融機関や生命保険会社、損害保険会社なども異業種交流会の開催に力を入れている。大企業と中小企業のお見合いもあれば、中小企業同士の出会いの場もある。国の予算で定期的に行っている展示会もその類だ。そんな異業種交流熱は高まるばかり。しかし、残念ながら、まだまだドメスティックな志向性が目立つ。海外をテーマにした交流会は少ない。

もちろん、国内でも日本の地方と地方の連携や、ICTを背景にした新型プラットフォームをベースにして、新しい形の異業種、異地域連携はこれから期待がもてる。しかも、今は業界を超え、地域を超えて、海外と連携する時代でもある。アライアンスと横文字で書くと、大企業の考え方のように思われがちだが、これからは中小企業こそアライアンス戦略を取り入れるべきだ。アライアンスは「異種の立場の人や団体が集まり、協力し合うこと」である。当社では中小企業がイノベーションを起こすための活動を総称してアライアンスと呼んでいる。M&Aもこの中に含んでいる。

こういう時代は、経験豊富な人間味あふれるシニアが、愛のキューピットになるのが良い。その活動そのものが企業ブランドを創る時代ともいえる。M&Aサービスで伸び盛りの新興企業では若手コンサルタントが活躍しているがどうも腑に落ちない。中小企業の売り買いは担えても、中小企業の価値の承継を担うには経験、力量ともに不足していると感じてしまうからだ。この世界こそ、シニアが大活躍すればよいのである。ひとつの着地点

アライアンスの時代は
シニアが付加価値を生み出す

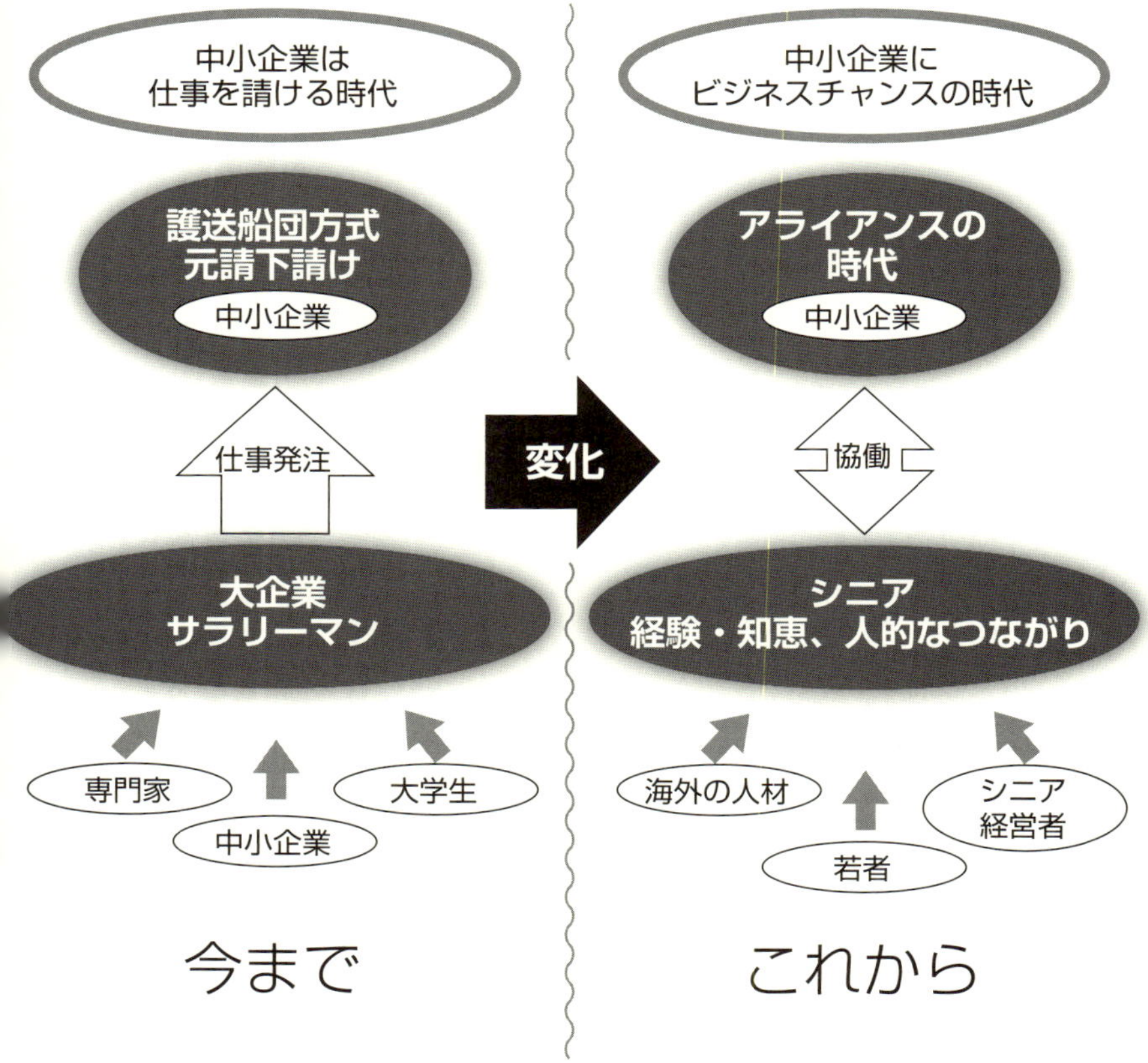

としてM&Aがあってもよいが、なにもそこにだけに帰結する必要はない。企業の成長や存続の機会づくりは多岐にわたる。

今は中小企業といえども経営環境の劇的な変化に適応し、ICTを活用したイノベーションを起こすことも必要だ。シニアの中には、膨大なる企業ネタ、人ネタを保有している人が少なからずいる。そんなシニアに活躍してもらおう。これからは、海外企業との連携のパターンもふくめ、多岐にわたるチャレンジが必要だ。そのためには、国内外問わず、ダイナミズムな業務提携や資本提携が経営戦略上、上位のテーマとしてクローズアップされる。そんな時代に活躍できる活きた情報の宝庫であるシニアはたくさんいるのである。

コラムでも紹介しているが、川崎にあるアジア起業家村推進機構のメンバーである増田さんは、まさにその先頭を走っておられる。先日も、アジア起業家村推進機構10周年でパネラーをさせていただいたが、私が聴衆の方にお伝えしたことよりも何倍もの刺激や情報をいただいた。シニアパワーのすごさを痛感した。そして、ここに学生などが混ざるともっと面白いと、勝手にわが意を得たりの気分になった。実際、若者と接しているシニアは実にお若い。大学の先生はその典型だろう。ビジネスパートナーである株式会社きっとエイエスピーの社長である松田利夫さん（68歳）は、とにかくお若い。ICTの会社の社長でありながら、この前まで大学の先生でもあった。松田さん曰く、「毎年毎年、若い学生と接していると若返りますよ」と。なるほど。中小企業がアジアの若い人たちと接する機会づくりを本気でやろうと思える実例のひとつである。

もうひとり紹介したい方がいる。平沢健一さんだ。若い頃から大手企業の現地法人社長としてアメリカ、イタリア、中国など世界を舞台に最前線でしのぎを削ってきた平沢さんは、今は産官学連携の担い手として精力的な活動をされている。海外時代は英語も独学でマスターし、現地の方々と同じ目線で堂々とみずからの意見を主張していたと言う。まさに、これからの日本企業と海外企業のアライアンス支援にはピッタリな方である。

日本の農業の再生はシニアがリード

このわずか数年で日本の農業産業は有望産業へと変貌しつつある。しかし、国や民間の期待値とは裏腹に、農業ビジネスの現場に目を向けると課題は山積している。すでに、TPPも国民の関心ごとのひとつになった。日本の農産物も一気に海外輸出が進みだした。大企業の農業参入も枚挙に暇がない。農業の現場に密着した活動としては、プロ農家育成に真剣に取り組んでいる人も増えてきた。

当社も農業産業の再生なくして日本の未来はないと位置づけている。そのため、微力ながら国内外で農業ビジネス支援を行っている。カナリアからは『日本の未来を支えるプロ農家たち』を２０１５年11月に発刊した。プロ農家70人を紹介する本だ。

この本に登場する群馬県で有機野菜、小松菜を栽培する有限会社プレマの創業者である須永幸彦さんは地域と人々を健康にしたいという想いで創業以来オーガニック一筋というシニアだ。先日娘さんに、経営を引き継ぎ、有機野菜の加工食品の販売を積極的に行っている。

また、元ローソンの社長である都築富士男さんは、雑誌『農業応援隊』を発行するなど農業活性化につながる事業を展開されている。アグリチアーズという組織をつくり、女性農業就業者を増やす取り組みなども行っている。

井尻弘さんは私よりひとつ年上の54歳だ。今はシニアではないがシニア予備軍である。愛媛県の公務員だったが、脱公務員で農業をはじめた。デコポンという社名が秀逸。規格外の野菜や果物が日の目を見るビジネスを創ろうと精力的に活動している。

有機・無添加食品の通販会社であるオイシックスの高島宏平社長が創業前に井尻さんの

ところで農業体験したと言う。井尻さんの活動は、まさに日本の農業ビジネス再生の根源となる。井尻さんの千葉の農園ではベトナム人の研修生が働いている。教育熱心な井尻さんがベトナム人に教えている姿が印象的だ。

この本でもすでに農業で活躍するシニアの方に登場していただいているが、これからのシニアは、農業のワーカーとしてではなく、知恵袋としてますます活躍の場が増えていくと思う。シニアに農業の経験がなくても学べば農業はできる。また、素人目線で見るほうが発見は多い場合もある。

期待できる動きとして、もうひとつ紹介する。それは市民農園とシニアの役割である。遊休農地の新しい活用法として注目されるだけでなく、農業産業の再生は里山保全の課題とも密接であることも付け加えたい。ビジネスというよりは、国土保全の問題だ。地方にはシニアがたくさん住んでいる。人が住むということそのものが、国土の保全につながっている。さまざまなシーンで、日本の農業再生はシニアなくして成立しない時代が訪れている。

井尻さんの農園で（右が井尻さん）

●コラム―大活躍するシニア（その2）

吉野川に生きる　―知られざる徳島―
課題先進県からのシニア中心による地方創生（島勝伸一さん・68歳）

四国を奔る雄大な川「吉野川」。日本ではほとんど南北に川が流れるが、まっすぐ80㎞東西に奔り、日照時間も長い吉野川は、日本三大河川で四国三郎と言われる。緑豊かで、水質のよい川に囲まれた吉野川流域は知られていないが、はるか古事記の時代から食べ物の国として歴史がある地域である。

だが、残念なことに徳島県は阿波踊り以外にあまり知名度がない。そして高齢化や糖尿病など課題が先んじて発生する地域として、知事がみずから「課題先進県」としてさまざまな施策を積極的に推進している。徳島はみずからを地方の代表選手と認識している。

吉野川と共に生きることを決めたシニアの人たちがいる。生活の中心に川があることを受け入れ、川と共に生きる。ＮＰＯ法人吉野川に生きる会の代表理事の島勝伸一さんもその中のひとりだ。徳島県吉野川市在住の１９４７年生まれの68歳。

島勝さんは言う。「倭（やまと）の国の歴史の源が吉野川にある。その恩恵を受けて、徳島県人は生きてきた。いまの私もそうだ。その歴史を受け継ぎ、恵まれた自然環境を後世に残していきたい」。特に島勝さんが活動の中で大事にしているのは「つながること」だと言う。ともすれば自己満足になってしまいがちな地域活動やNPO法人活動から、もっと広がり、もっとつながることで、自分たちの住む地域を良くしていけるのだと。だからこそ、感性のあう、志のあう人たちとの接点ができるのだと言う。島勝さんは仲間になればノウハウの提供も惜しまない。みずからも相手の活動に入っていき、現地へ出向いて勉強する。

地元のイベントでもちつきをする島勝さん（写真中央）

NPO法人吉野川に生きる会には、その主旨に賛同したシニアを中心にした仲間が60名以上集まり、精力的に活動をしている。当面の目指すところは2000名で、地元を中心とした元経営者、現役経営者が多く参画しているエネルギッシュで品格ある団体だ。また神戸から徳島に永住を決めて移り住んだ大手電鉄会社出身の岡田修二さんもいる。

島勝さんは徳島県から明治大学へ進み、徳島に戻ってスーパーを経営。不運にも火災に遭われたこともあるが、バイタリティで乗り切られた。その後、不動産会社をはじめるが、みずからも徳島をでて東京暮らしをした経験もあり、学生を送り出す親御さんが安心して住まいを選択できるネットワークの構築に着手。全国の不動産会社との提携を結び、首都圏と地方を結ぶだけでなく、地方と地方も結んだ。それが現在のアパマンネットワークの原型にもなっている。経営者時代のバイタリティがまさに今のＮＰＯ法人の活動の源にもなっている。「少しでもいい時代を後世につなぎたい。まだシニア世代、団塊の世代はがんばれる。なんとか、あともうひと踏ん張りせんといかん」

島勝さんは、ＮＰＯ活動の一環で米の生産も手掛けている。ＮＨＫ番組をきっかけに有名になった「奇跡のリンゴ」生産者の木村秋則氏に栽培方法を教えてもらった。これだと思えば、会いに行き、教えを乞う。みずからさらに勉強する。微生物の素晴らしさも知り、微生物や栽培方法についても研究に余念がない。この米でいい酒を造ろうと考えた。その名前は純米酒「ありがとう」と米焼酎「もったいない」とした。島勝さんの精神そのものだろう。

単に米を売るのではなく、酒にすれば米の生産者から毎年手堅い金額で買い上げること島勝さんも携わった「巡礼の駅」

「巡礼の駅」オープニングイベント風景

ができるということまで考えてのことだ。農家の苦労が報われてほしい。農業が日本でも後々まで栄えてほしい。ビジネスとしての考えも持ちながら、志や社会貢献を常に中心に置いている。

この数年ブームの六次産業化は一次産業の人たちがコストをかけて無理をして商品を作ったりすることではない。一次産業が他の産業と連携してネットワークで事業を作ることだと島勝さんは考えている。二次、三次産業がそれぞれ積み上げてきたノウハウが共有され、みんながよくなるのだから。

吉野川流域の米の酒「ありがとう」「もったいない」は、徳島県内の酒蔵に依頼して製造してもらい、評判が広がって、毎年売り切れるようになった。今ではベトナムのホーチミン市でもテストマーケティングで販売開始しており、先が楽しみだ。

四国地域は、空海の生誕地や八十八ヶ所巡礼もあって、観光客が多い。今年はいろいろなご縁がつながって、高野山からの巡礼さんが立ち寄るコミュニティスポット第一号の「巡礼の駅」開設にも一役買われた。徳島のためになることなら時間も労力も惜しまない。次々と新しい出会いとアイディアが生まれ、島勝さんの頭の中は常にやりたいことであふれている。現在も多忙な日々を送っているが、農作業も欠かさない。米づくりもするが、自給自足のための畑もある。

「吉野川は東から昇る朝日、西に沈む夕日が本当に素晴らしいんですよ。こんな素晴らしいところはない。みなさん、どうぞ徳島に来てください。吉野川を見てください」

純粋に地元を愛し、みずからがエネルギッシュに活動される島勝さんからのメッセージに、いつも心惹かれずにはいられない。

シニア世代を代表する社長請負人（恩田饒さん・81歳）

恩田饒さんは１９３４年の生まれ。アドルフ・ヒトラーがドイツの総統となり、日本もアメリカに対し、ワシントン海軍軍縮条約の破棄を通告した年である。世界と日本が、戦争への道を静かに歩みだした頃である。恩田さんは大学卒業後、大和証券に入社。同社取締役を歴任する。その後、ＫＯＢＥ証券（現・インヴァスト証券）の代表取締役に就任した。駆け足で恩田さんの経歴を紹介すると、以下のようになる。

１９９６年　ＫＯＢＥ証券株式会社代表取締役就任
２００６年　株式会社シーマ代表取締役就任
２００９年　ＩＴｂｏｏｋ株式会社（旧・デュオシステムズ株式会社）代表取締役就任

上場企業の社長を3社務めてきた奥田さん

列挙するだけではあまりわからないだろう。しかし、恩田さんはまさにシニア世代を代表する社長請負人なのだ。ＫＯＢＥ証券は２００６年にヘラクレスへ、そしてシーマはジャスダックに、ＩＴｂｏｏｋはマザーズに上場している。すべて恩田さんが在任時に株式公開を果たしており、世間からは「恩田銘柄」と呼ばれることもしばしば。そんな恩田さんが２００９年にカナリアから『女性を輝かせるマネジメント術』を発刊した。本書はブライダルジュエリーの世界において業界ナンバーワンに登りつめた恩田流経営の秘訣、特に女性社員のマネジメント術について詳しくまとめてもらったものだ。恩田さんは本当に温厚な話し方をされる。しかし、元々証券会社出身。特にかつての証券業界は男性社会であることは間違いなく、そのような業界から、女性中心のシーマのような会社の代表取締役に就任し、業績を向上させることができるのか？　一度恩田さんに質問したことがあるが「なんでだろうね？」と笑いながらはぐらかされてしまった。このシーマからＩＴコンサルティング会社の代表取締役に就任した話を聞き、またまた驚いた。「恩田さん、ＩＴのことわかるの?」。

恩田さんは81歳になる。３つの上場企業の社長を経験している。ＫＯＢＥ証券の代表取締役に就任したのが62歳の頃。つまり、60歳を超えてから3つの上場企業の社長を経験している。それも、すべてまったく異なる業種業態だ。

恩田さんのそんな経歴を眺めていると「変化への適応」という言葉が相応しいと改めて実感する。頭の中がよほど柔軟でなければ、ここまで業態の異なる3社の社長をましてや60歳を超えた年齢で務めることはできないだろう。経営の基本は業種問わず一緒と言うが、それでも売るものがここまで異なれば、さすがにその言葉をすべてあてはめることはできないだろう。それくらい、すごいことなのではないかと思う。

そんな恩田さんが次の書籍発刊の準備を進めている。自身のこのような社長経験を踏まえて、シニア世代が元気になるようなメッセージを送りたいとのこと。

「上場企業の社長を3社務めて、いまもなお現役でやらせてもらっている。でも、世間を見ると、もっとシニア世代が元気にならなくてはね。自分が有名になりたいという考えで本を出すわけではなく（笑）、シニアがもっと元気になるような作品をつくりたい」

奇しくも本書のテーマとピタリと合致する。次回作もカナリアで発刊を予定しており、ぜひ皆さんも手にとっていただきたい。恩田流の元気で、柔軟な思考で生きる秘訣を伝授していただく予定であり、まさに、シニア世代を代表する社長請負人として、これからもその辣腕に期待している。

ソニースピリッツの伝道師（田村新吾さん・69歳）

ソニーと言えば、誰もが知る日本が世界に誇るモノづくり精神あふれた歴史ある企業だ。創業者である井深大は「人のやらないことをやる」というチャレンジ精神を持ち、日本発、世界発の商品を数多く世の中に送り出した経営者である。

そのソニーのモノづくりにかけるスピリッツを語り続けているのが、株式会社ワンダーワークスの田村新吾社長、69歳だ。

田村さんは、モノづくり企業の集まる東京蒲田に育ち、早稲田大学理工学部を卒業。ソニーで商品開発、マーケティング、事業経営を担った方だ。ソニーで、のべ38年間にわたり、商品開発に携わっていた。ソニーがモノづくり企業としての地位を確立するど真ん中にいたということになる。

田村さんはソニーのモノづくりの神髄を伝えようと、積極的に講演や執筆活動を続ける一方で、学生に対しても日本の偉大なる経営者のモノづくり精神を伝えよ

ベトナムでの懇親会で乾杯の挨拶をする田村さん

ベトナムでのセミナーで主催メンバーと

うと教鞭も執る。実にアクティブなシニアのおひとりだ。最近はベトナムでも日本が誇るソニースピリッツについて、ベトナム人経営者に講演をするなど活動の場をアジアへも広げている。

また、田村さんは日本の偉大なる歴史の人物研究にも余念がなく、現代のビジネスにも活かせるという、二宮尊徳の教えをまとめた書籍『二宮尊徳と創造経営』（2015年5月・カナリア）を出版。ソニー創業者の井深大だけでなく、先人の成功思想などを伝えることで啓発を行い、みずからを「啓発家」とまで呼ぶから頭が上がらない。

日本には世界的にも名だたる企業がたくさんある。また世界に知られていなくとも100年企業、200年企業と歴史ある企業が全国に存在する。今日の若者が尊敬、目指している経営者は誰なのだろうか。ベンチャー起業家と言われるような一過性の経営者に目がいっているように思う。これらはメディアがおもしろおかしく取り上げ報道することに一因もある。メディアに度々取り上げられるような企業というのは、時代の流れ

スマホを使いこなし活動的な田村さん

にのっただけであり、永続企業になり得るかと言えば必ずしもそうではない。数年前、メディアに多く取り上げられその手腕が注目されていた企業は、今やすでに存在しない。こういったことはめずらしくない。

世界に誇れる企業経営者とは、ブームのように取り上げられるのではなく時代の経過とともにその存在価値が認められる人のように思う。だから私は、儲けだけを考えているような若手起業家、特に最近では携帯ゲームなどで儲けているような企業は、世界に誇る存在価値のある企業にはなり得ないと度々発信している。

田村さんが伝道師として語り続けているソニースピリッツのように、現在の生活にまで影響を残し続けるような価値あるモノを生み出してきた企業にこそ学ばなければいけない。だからこそ、激動の時代をともに経験してきた、現場で苦節をともにしてきたシニアには、いまの若者に対し、日本本来の企業経営の精神を発信し続ける役目を担ってほしい。単なる語り手ではなく、現場での経験を持った実践者としての語りは、今後の日本経済を支えるであろう、現在の若者、未来の経営者に必ず大きな影響を与えると確信している。

創業精神を若い世代に伝える（高橋明紀代さん・74歳）

私がメディアハウスA＆Sの代表、高橋明紀代さんに出会ったのは、初めての書籍『だから中小企業のＩＴ化は失敗する』（2001年1月・オーエス出版）を発刊した頃だ。高橋さんは1941年生まれで現在74歳。ＴＫＣ出版部で月刊誌などの企画、編集などを担当された後に独立し、取材、執筆活動をされていた。『町工場のＩＴ革命』（2000年10月・ＰＨＰ出版）を発刊され、〝中小企業のＩＴ〟が共通キーワードとなって出会った。

日本ペンクラブの会員でもある高橋さん

高橋さんは、中小企業、ベンチャー企業のトップインタビューを手がけ、200社以上の企業取材記事を執筆された実績を持つ。そして、今もなお企業の社史、創業者伝執筆のプロフェッショナルとして活躍されている。

近年課題にもなっている、事業承継。当社も実際に事業承継の支援をしていると感じるのが、後継者にバ

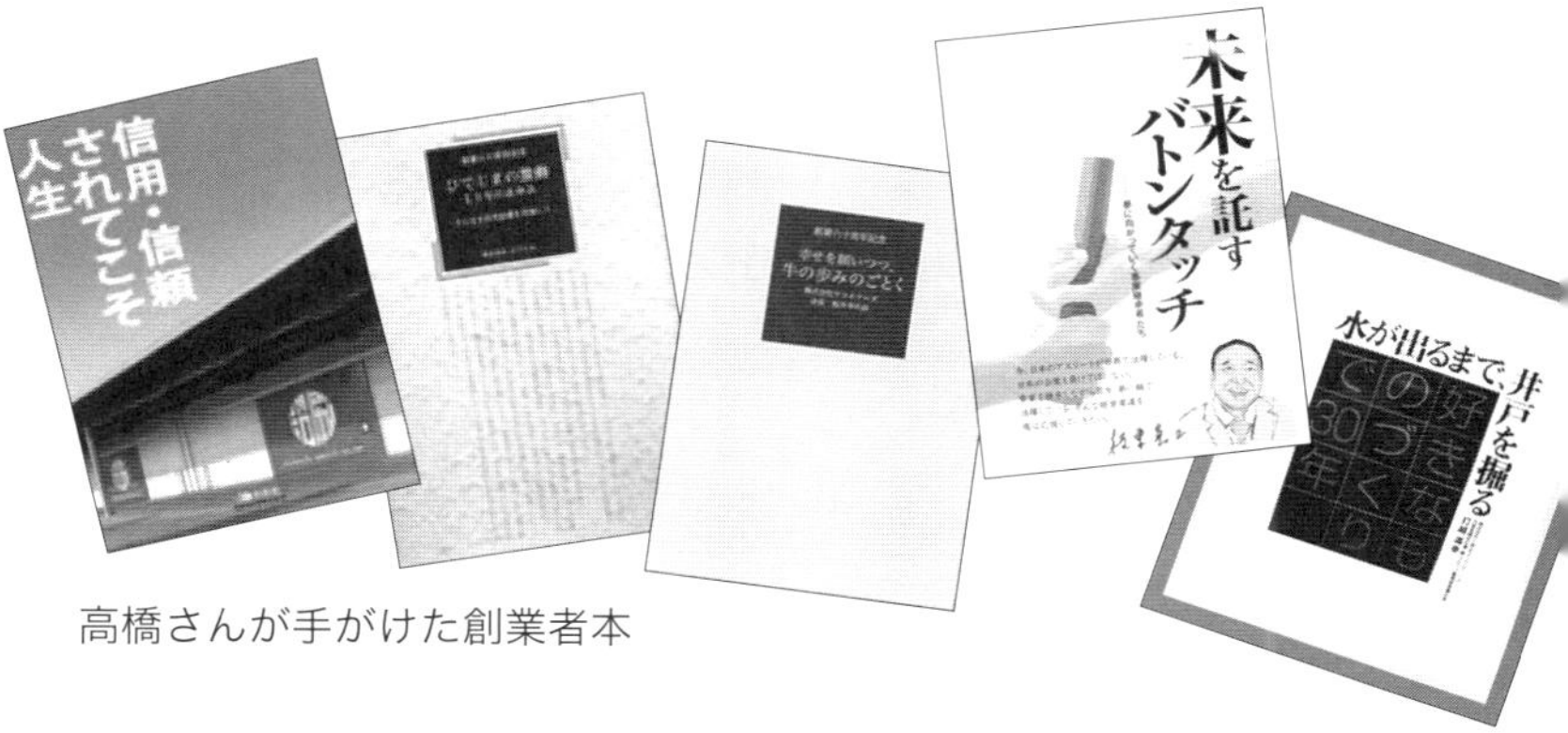

高橋さんが手がけた創業者本

トンタッチする難しさだ。

いま日本には創業１００年を超える企業が２７０００社以上あり、創業２００年を超える企業は１５００社以上ある。世界でいちばん、創業１００年以上の企業が多いのが日本だ。そんな１００年以上続く企業のポイントが、事業承継と言ってよいだろう。次世代経営者にバトンを引き継ぐ際には、必ず現状のみならず過去の多くの経験、創業時の思いまでも引き継がなければ成功しない。人生同様に企業も荒波を乗り越え現在がある。その現在までの、企業の生き様を創業者みずからが伝えようとしても難しい。高橋さんはそのような創業者の気持ちを代弁すべく、創業者にインタビューをし、社史や創業者伝として残し続けている。

創業者の思いや会社の歴史を記録し、伝えることは後継者や若い世代への〝かけがえのない贈り物〟だと言う高橋さん。そこには、日本が誇る中小企業の創業スピリットを残し続けたい、若い世代に伝え続けたいと言う高橋さん本人の熱い思いを感じる。

若い世代に伝え続ける何かを持っている人は、創業者だけではない。ビジネス社会を、組織の一員として生き抜いた方もまた同じだ。経験したこと、後世に残せるノウハウを発信することは、シニアにとって誰にでも共通する絶対的な役割なのではないだろうか。

人間、不思議なもので役目があると元気になると思っている。シニアでアクティブでない方は、一線を退き、みずから役目から離れた場に行こうとするから、非アクティブに向かう。いまいちど自分の役目について考えてみると、新たな何かに気づくのではないかと思う。

高橋さんは、このように企業の創業精神を残すことに尽力するだけでなく、若者に対してもメッセージを送ってきている。今までのトップインタビューの経験から、大学にてベンチャー・ビジネスについての講義実績も持つ。現在、日本ペンクラブの会員でもある。

第4章でも触れているが、日本にはすばらしい経営者が率いる中小企業が数多くある。こういった企業に今の若者が行こうとしないことは大変残念で仕方がない。

中小企業に魅力的なシニアが増えることで、若者が中小企業に目を向け、若者とシニアのコラボが生まれることを期待したい。

ベンチャー支援はライフワーク（知久信義さん・77歳）

この書籍のタイトルにもある、現在77歳で、まさにアクティブにベンチャー企業支援に勤しんでいるのが知久信義さんだ。33歳で新日本証券に入社し、株式公開の仕事に長年従事。77歳になった今もなお、企業の顧問を務めながら、毎日のように人と面会するそのアクティブさには驚くばかりだ。ベンチャー支援がライフワークだと語る知久さんだから、77歳になられた今も、年齢を感じないアクティブさがあるのだと実感する。

ベンチャー企業を支援し続けている知久さん

長年証券業界において、ピカリと光る企業を発見するために、重視されてきたのは「人脈づくり」だと知久さんは話す。そしてその人脈づくりのモットーは、大変学ぶべきことが多い。

「ギブアンドテイク」ということがあるが、知久さんは人脈づくりの精神は「ギブアンドギブアンドギブ」だと言い切る。知久さんにとって人脈は、信頼、勇気、知恵を与えてくれるエネルギーの源のようなものであり、〝損して損をすることもある〟を前提に、将来の肥やしになればよいとの人生観でやってこられている。

ビジネスの基本はやはり人と直接会い、面と向かって会話をすること。それに現代のようなＩＣＴ社会だからこそ、アナログを大事にするのだと当社でも言い続けている。知久さんはまさにこの基本を貫き、当時はＩＣＴではなく手紙を使い、人との信頼関係を構築してこられた方だ。

現代社会を見渡すと、どうだろう。人脈づくりにもＩＣＴを活用する場面がでてきている。完全否定はしないが、やはりこれでは将来につながる人間関係は構築できないだろう。だからこそ知久さんのようなシニアは貴重な存在なのだ。人と会うことが人生の肥やしになる、このようなことをためらいもなく言える若者がいるだろうか。大変寂しいものだ。

知久さんのように証券業界という大変洗練された中で、激動の日本社会を生き抜いてきた方の発する言葉にはひとつずつに大変重みがある。

私が今回の書籍を執筆する過程でお会いした、シニアの方々に共通するのは、次世代を応援し、育成に余念がない点だ。

知久さんもまさに同じだ。学生向けに投資の概念や考え方、社会に参加し、ベンチャー起業にチャレンジするための精神や、基礎知識を積極的に発信する場をもっている。

知久さんのライフワークは、革新的なアイディア・技術などを活かし、新しい形のビジネスを展開する企業を支援することだ。また、セキュリティ・IT・人材紹介などの幅広い事業にも関わっている。そういったチャレンジ精神ある起業家と向き合っているからこそ、77歳という年齢を感じさせないのかもしれない。ともすれば、シニア世代の方には、みずから革新的なアイディアを出してビジネスをする、という形ではなく、過去からの経験、知識を活かし、若い世代が生み出す革新的なアイディアに融合させたビジネスをともに生み出す姿があってもおもしろいのかもしれない。またこのようなコラボは地方こそ活かせる場面が多いはずだ。

70歳目前にしての起業には、正直驚く（岩本弘さん・72歳）

『挑戦しよう！　定年・シニア起業』

カナリアより2015年1月にこんな本を発刊させていただいた。

著者は長野県にお住まいの岩本弘さんだ。岩本さんは長野県の信濃毎日新聞社で記者、労務部長、取締役販売局長等を歴任し、同新聞社主要の新聞販売会社の社長などに就任。引退し、70歳を迎える直前の2013年に株式会社メディア通商を立ち上げた。同社において現在も、シニア起業実践塾の運営や日本初の単独型弁護士保険の販売などを手がけている。

それにしても、なぜ70歳を目前にして起業だったのか？　岩本さんはこう述べる。

「シニアの自立です。これからは70歳定年時代が見えてきた。年金に頼る時代も終わっている。シニアがみずからの意志で起業し、さまざまな事業に挑戦していく時代だからです」

長野から上京して現在も活動的な岩本さん

少子高齢化がますます進行していく中で、シニアを支える現役世代が先細りしていくことは周知の事実である。そのような時代の変化の中で「シニアが以前と同じままで良いのか？」と、岩本さんは疑問を投げつける。シニア世代が厳しい時代を迎えるのはわかっている。それならば、みずから活動する力を身につけなくてはならない。岩本さんは、そんな想いを胸に、シニア世代に起業を勧める。

ただし、岩本さんの勧める起業は「小資本、小規模、ノーリスク」を前提だ。シニアに優しい起業を提唱する。そのために起業塾も開催。多くの方々の前で登壇し、熱弁をふるう。

岩本さんはとにかくアグレッシブである。出版コンサルタントによる企画プレゼンの場が、岩本さんとの出会いの場になった。プレゼンの場に登場した岩本さんは、腰をさすりながら壇上に立つ。どうもゴルフで痛めたギックリ腰のようだ。本の企画はみずからが起業した経験を綴るものになるという。年齢を聞くと70歳。プレゼンを聞くと、こちらが驚いた。起業したのが本人だと知り、一体どんな人なのか、知りたくなったのだ。翌日、すぐに連絡をいれると、東京にいる間に会いたいということで、その日の夜に飛んできた。一体、どれだけ行動力があるのか不思議に思わずにいられなかった。

その後、本の執筆がはじまると、また岩本さんのすさまじい行動力が発揮される。執筆途中に体調を崩し、入院したことがあったが、その際も病床から原稿の経過をこちらに連絡をくれる。いや、そんなことよりも病気の経過の方が気になるのですが…。

そんな岩本さんが、本を発刊するキッカケを話してくれたことがある。

「実は2014年の年賀状に起業したことを書いた。職業がら、年賀状はそれこそ相当な数送るんだが、そうしたら、同級生やら後輩やら先輩まで、反響がすごかった。『どうやって起業したのか知りたい』や『詳しく聞かせろ』など。やはり、同世代にとってこれからの時代は厳しいものになるのは皆が実感している。ただ、どうやっていいのかわからない。だから、本を出して、自分が起業した経験をもとに、ひとりでも多くのシニアの自立を支援したい」

岩本さんは起業にあたり、さまざまな勉強をはじめた。そのひとつに「Ｆａｃｅｂｏｏｋ」がある。パソコンは使えたようだが、起業にあたり一念発起し、パソコン教室で〝いちから〟学んだ。今では、「Ｆａｃｅｂｏｏｋ」は得意中の得意に。日々の活動をタイムリーに発信している。

この行動力の源はなんだろう？　岩本さんを見るたびにそう思う。その背景には、現役時代の頃の記者魂があるのではないかと思っている。岩本さんの昔話を聞いていると、全国を飛び回る姿が脳裏に浮かぶ。思い立ったら行動しなくては気がすまないのだろう。だから、起業も出版も起業塾も、とにかくすぐに動く。そしてまわりの人たちを巻き込んでいく。

岩本さんのシニア起業塾は長野市内ですでに数回開催されている。その講義の内容を聞いたことがある。

「とにかくまず行動してみること。自分で考えてアイディアを練ること」

なるほど、実践者である岩本さんらしい言葉である。

第5章

シニアは強みと弱みを知り、変化を起こす

何かをはじめるのに遅すぎるということはない

伊能忠敬といえば、多くの方が日本全国を測量し日本地図を作成した人として習った記憶があるだろう。しかし、測量を学びはじめたのはなんと50歳。当時では平均寿命を超えた高齢であり、超「遅咲き」の人としても近年注目されている。49歳で隠居後、以前より興味のあった暦学を本格的に勉強すべく江戸に移り住み、55歳から73歳までの18年間、日本全土の測量をし、地図を製作する大事業を成し遂げた。

当時で73歳といえば、普通では考えられない超高齢である。測量などを通じて、長距離を歩き続けたことも長寿の要因であっただろうが、それと同時に、彼を支えていたのは飽くなき探究心である。これほどの偉業を達成するには、単なる『物好き』だけでは成り立たない。伊能忠敬が『地球の大きさが知りたい』という欲求に情熱を持ってチャレンジし続けた結果ではないだろうか？

最近では、人生90年時代ともいわれ、シニアの方も積極的に独立や起業をされている。一方では、フリーターやニートで象徴される若者層は、目標も持てずに迷走気味だ。伊能忠敬は『人間は夢を持ち、前へ歩き続ける限り余生はいらない』と言った。年齢は大した問題ではない。シニアも若者も夢を見つけ、そして、その瞬間から行動をはじめればよい。何かをはじめるのに遅すぎることはないのである。

近年、脳科学の世界でも老化の防止策として好奇心を持つことが言われている。前頭葉がつかさどる感情を活性化し、刺激をすると老化を遅らせることができると言う。好奇心の趣くまま行動すると、それに影響されて自然と動作やＩＱなども維持できるのだ。

伊能忠敬のような歴史上の偉大な人物の事例もさることながら、身近なシニアでも年齢を感じさせない方は、やはり好奇心が旺盛でありアクティブだ。シニア向けのカルチャーセンターも大変にぎわいを見せている。シニア向けの料理教室、ダンス教室など多種にわたる。第二の人生何をするのか、選択肢が多いというのはそれだけでも幸せなことではないだろうか。

自信と経験がマイナスになることもある

シニアには、自信と経験がある。これは通常大きなアドバンテージである。しかし、自立して楽しく生きようと思えば、やはり、敬遠されたり嫌われてはいけない。起業しようと思うならば、なおさらである。

もちろん、周囲や若者に迎合する必要はない。そして、完璧である必要もない。欠点もあってもよい。キラリと光るものがあれば良い。ちょい悪親父でよい。ただし、自信と経験は、往々にして裏目にでる。

例えば、若者に対して上から目線の人、説教が過ぎる人、すぐにボスになりたがる人だ。自信があることは、人に対して示す必要はない。積極的なこれからの行動で活かして結果につなげればよい。たまに、若者を「君付け」で呼ぶ人がいる。ビジネスの場では、やめた方がよい。いかにも昔の男性社会の名残である。今は、ビジネスでは、年上年下、男女関係なく「さん付け」が一番良い。ちなみに、当社は創業時から社内外共に全員「さん付け」である。

また、昔の話ばかり繰り返す人、自慢話が過ぎる人、昔の肩書や会社にこだわる人もNGだ。こうした経験も、相手にひけらかすことではない。聞かれれば答えればいいことで、やはり自分の行動のなかで役立てられればいいことだ。

さらに、自信と経験があるから、プライドが高いシニアもいる。ちょっとしたことから、往々にしてシニア同士で喧嘩をはじめる。これも、端から見ていると見苦しい。逆に、話

こんなシニアは嫌われる

好かれるシニア

嫌われるシニア

が合うからといって、シモネタやエロ話ばかりで意気投合されるのも困りものだ。気をつけないとセクハラにもつながり兼ねない。こんなシニアは嫌われる。心しておきたい。

炊事・洗濯ができることが自立の第一歩

これからのシニア世代に重要なのは、何よりも自立だと考えている。これからは、ひとり暮らしのシニアが非常に多くなる。女性の場合はまだしも、奥さんに炊事洗濯など家事の一切を依存してきた男性にとっては、ひとり暮らしになると、とても切実な問題だ。私自身は、年老いても老人ホームに入るつもりはない。ラクでいい、と言う人もいるかもしれないが、なぜ今までのつながりを断ちきって、見ず知らずの人たちと一緒に暮らさなければならないのか。息苦しい気がしてならない。

もちろん老人ホームに入らないで済むためには、ひとりで身のまわりのことが何とかできる能力や、それを維持できる健康状態が必要だ。私は、できるだけそのような能力と健康状態を維持していこうと思う。

また、自立に関していえば、こうした生活面での自立に加え、会社からの自立も求められる。肩書などに頼ってきた人が、会社からも自立する。それも個人の名前で活動する。そのとき、シニアの人たちの仕事での自信と経験は、実は会社あってのもので、退職してしまうと、どれだけ使い物になるかは、要注意である。本当の裏づけがあるのかどうか、もしかしたら、実は自己満足や慢心に過ぎないのかもしれないのだ。

まずは、生活面での自立。そして会社からの自立。このふたつは、関係ないようでいて、実はその人の能力をはかる物差しにもなりうる。いま一度、このふたつの自立ができているか、できるのか、よくよく振り返っていただきたい。

アナログは日本の強みの源泉

シニアには、若い世代が持っていない絶対的な強みがある。それがアナログ力と言いたい懐（ふところ）の深い対応力だ。

いま世の中はデジタル・ネイティブなどと言って、生まれたときからデジタル機器やインターネット環境に囲まれて育ってきた若い世代がすごい、というような評価をしがちだ。だが、それは本当に正しい評価なのだろうか。

アメリカでは、マックを使うデザイナーのセミナーで、最初の数日間いや数週間、マックにまったく触らせないセミナーがあると言う。ここでは最初の段階で、平行の線を何本も手で書いて引かせたり、手書きのラフを描かせたりする。それをフウフウ言いながらこなして、やっと何とかできるようになった頃、マックを使わせるのである。

そうすると、マックは何と楽なのだろうか、あっという間に正確にきれいに描けるのは素晴らしい、と改めて生徒たちは感嘆する。しかし、それと同時に、手書きの良さや、そのテイストをどのようにマックを使って移植するか、というイマジネーションも生まれてくるのである。

日本では小学生の頃からパソコンを使わせて、算数や国語を教えるべきだという議論がある。貧しい議論である。最初にまず肉体を使って九九や言葉を覚えさせて書かせて、その段階を固めてからパソコンを導入しなければ、本当の良さもわからなければ、パソコンの長所短所もわからないのである。

デジタルというのは便利だが、ベースにアナログの動きがあって初めて本当に良さがわかるものだと言える。それにデジタル的な発想というのは、いわば「0か全て」か、という選択の問題に単純化される。結論が早くてよさそうだが、そこには多くの「棄てられるもの」が発生する。人間は「0か全て」で動いていない。アナログ的な存在なのだから、人間関係も、デジタルなら割り切った関係となり、一歩間違えると「得か損か」というだけの基準で動くパサパサとしたものになる。

2015年の秋に日本で封切りになった洋画で『マイ・インターン』という映画がある。『プラダを着た悪魔』で主演女優を務めたアン・ハサウェイと、数々の映画で名声を得たロバート・デ・ニーロが共演している。彼が会社の福祉事業で雇われたシニア・インターンとして、主人公の女性CEOのアシスタントになる。すると、この老人がきわめて適切な助言をして、この女主人公の心の悩みを救う役割を果たすのである。

この老人、まず驚くのは、はるかに年齢が下の学生インターンと同じ扱いをされても、ちゃんと従ったうえで、必要な学習をしていく。そして、要所要所で、シニアならではの的確な判断、深いところまで配慮した助言をするのである。これなら価値のある素晴らしいインターンである。

日本ではまだシニア・インターンという制度は定着していないが、もしもこのロバート・デ・ニーロのような気のきいた老人が勤めたら、キャリア女性のみならず、恐らくデジタル的な発想で頭をいっぱいにしている若いIT社長であっても、きっと心の平安が得られて、おおいに感謝するだろう。

その人脈いつまで価値がありますか?

私が経営をはじめた頃、ＢｔｏＢビジネスを主軸にしていることもあり、いかにして社長とのリレーションを構築するかに腐心していた。もちろん、今でも簡単なことではないが、多少経験を積んでくると、勘所はわかるようにはなった。

私が創業したのは31歳。創業から数年の間に、色々な銀行の支店長とのつながりができた。私はその当時は支店長の力量と人脈の多さに、上を見上げるばかりだった。やがてその銀行の支店長も役職定年があり、いつか一線を外れていく。

支店長に限らないが、引退したばかりの方の人脈が、とても価値があるように見えた時期があった。企業の経営者とのつながりを多数持っているからだ。しかし、60歳を過ぎた人でパワーのある方でも「俺の人脈が使えるのはあと少し。なぜなら、相手も皆、もうすぐ引退するから」と語っていたのをよく覚えている。友人関係と異なり、会社を通じた仕事のなかでつくってきた人脈は、いつまで価値があるのかはおおいに疑問がある。

この本を書くにあたって、改めて人脈とは何かを考えてみた。私は中島みゆきの『糸』という歌が好きだ。「縦の糸はあなた、横の糸は私、織りなす布はいつか誰かを…」という結婚式でもよく歌われるあの曲だ。私は「人と人は、会うべくして会う。縦と横の糸だから」と解釈している。

少し数学的に言うと、同じ平面上であれば、どこかで必ず交差する。そのときが出会いで、それでお互いの過去を知る。そして共有する。

これからシニアの人生は、長生きになった分だけ、定年後の時間はとても長い。これからの20年、30年を考えた場合、糸のように出会う人は、まだまだ多い。しかし、数の問題ではない。また、今まで巡り合った人たちとのつながりは続いていく。縁（えにし）の考え方である。つながりと言えば、縁（えん）だが、私は、先につながるという意味で縁と書いて「えにし」をよく使う。

とすれば、それぞれがさまざまな場所、思い思いのテーマで積極的に活動していけば、今までとこれからの人脈は相当な価値になると考えている。単なる名刺交換からはじまろうと、たまたま、飛行機の席で隣りあわせになろうと、きっかけは何でもよいのである。

はじめにも書いたが、創業時に考えていたシニアジョブネット構想は、シニアの知識を活かすだけでなく人脈も活用できる場であった。今後はさらに、シニアブレインネット「共創の匠」としてプラットフォーム化をしていく計画である。人脈の使用期限ではないが、リミットを少しでも伸ばすことや、新たな人との出会いで化学反応が起こることも期待したい。

シニアに必要なセーフティネット

今、多くのシニアとシニア予備軍は、不安のなかにいる。健康、金銭、孤立、そして介護などの問題があり、社会保障制度も揺らいでいるからだ。しかも、「オレオレ詐欺」改め「振り込め詐欺」以来、シニアをターゲットにした詐欺が後を絶たない。新種の詐欺が次々登場し、イタチゴッコの様相を呈している。こんな状況では、依存型の人ほど、不安も増長されるだろう。

もともと家族や地域はシニアのセーフティネットだった。核家族化、個人化が進むと家族の機能・役割は崩れてくる。地域もつながりが薄れ、むしろ、マンションなどを好みつながりを避ける傾向すらある。当然、昔ながらの地域の助け合いや見守りなどは、都市部では過去のものとなりつつある。防災・防犯も、地域ではなく、個人や各家庭で担わなければならなくなっている。

もちろん、政府や民間のほか、さまざまなNPO団体などが対策を考えている。しかし、その大半が企画や提言で終わっており、実現には至っていない。やはり、新たなセーフティネットが必要だ。そのための前提が、すでに書いたように、まずはそれぞれが自立すること。そのうえで、つながりを広げる社会的なしくみを構築する必要がある。

しくみの構築にはICTが貢献できる分野は多々あるが、まずは見守りだろう。ひとり暮らしでも、ICTでそれとなく見守ることもできる。最近は、多くのサービスがはじまりつつある。

また、新たなコミュニティを創造し参加することも大切だ。ボランティアや地域貢献にかかわったり、若者・シニア同士・海外の人と交流し対話したりするのもよい。そうした活動がときに働く場を創ることもある。そのなかで、みずからが学び、教え、伝える。どれひとつとっても社会的なセーフティネットの維持発展に貢献できる。

これらに共通するキーワードは「つながる」である。そう、しがらみではない、自発的に新たに「つながる」ことこそが、実はこれからのセーフティネットになりうるのだ。

シニアに必要なセーフティネット

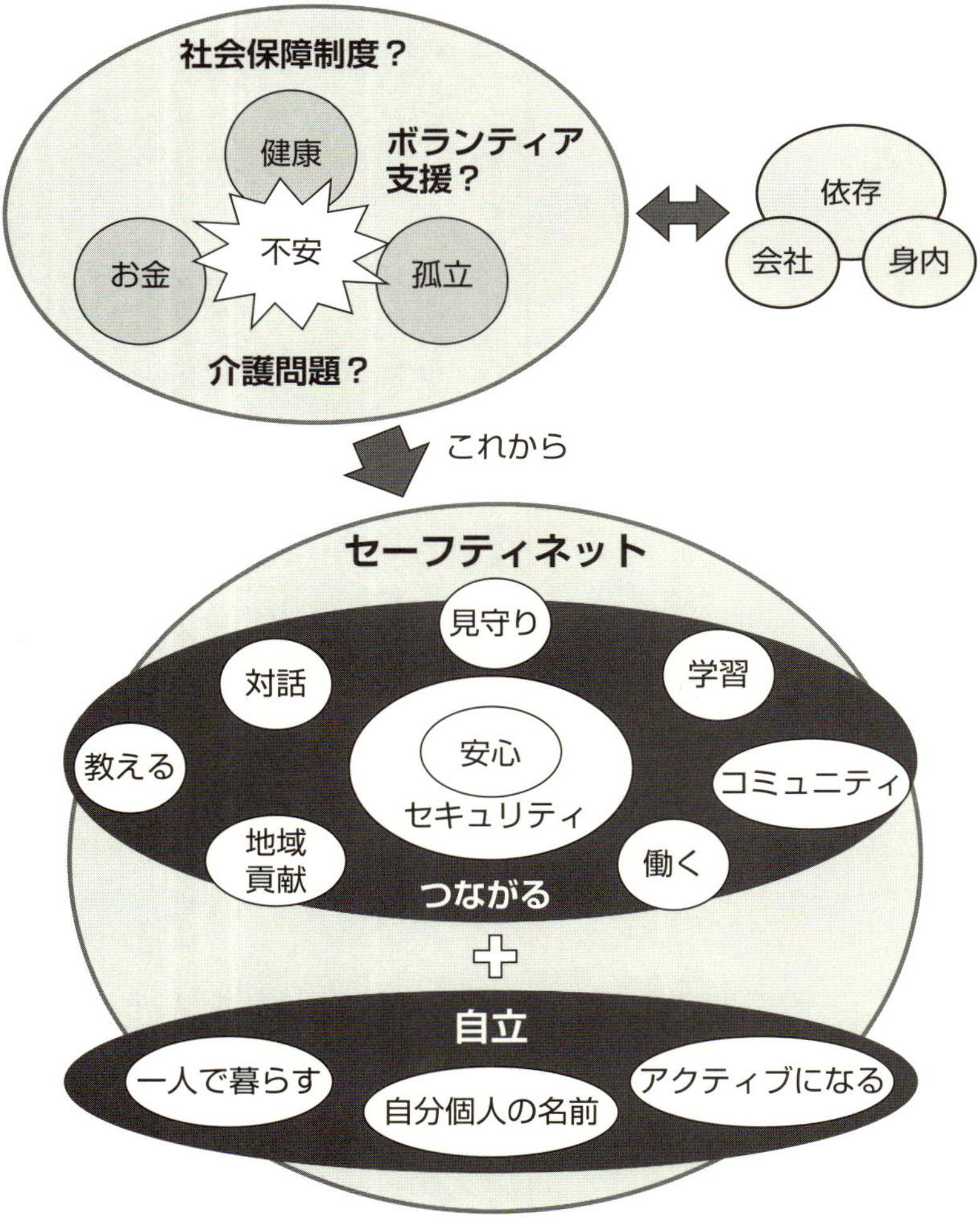

シニアとのお付き合いの心得

私は、ビジネスで年上の人と接するのはどちらかというと苦手だ。気を使うからだ。当然、緊張もする。経営に携わっていると、年の上下も関係がないので、年下でも尊敬できる経営者はたくさんいる。そういう意味で、特に年上の尊敬できる人に気を使う。

私はそれで良いと思っているし、そうでないと人生の勉強にならない。そして、その年齢までお元気であることは、とても素晴らしい。それだけで尊敬の対象となる。自分がそこまでできるかどうかはわからないから、自ずと尊敬の念が湧く。年を取りたくないと考えるのではなく、どう年を取るかである。ぜひ、尊敬できるあの人のように、立派に年を取りたいと思うのである。また、シニアに対しては体力面、健康面でも気遣いすることが大事である。

ただ一方で、そういう人だからといって、遠慮して本音を言えないのでは困る。シニアの中には、お付き合いしていいて疲れる人もいる。既にこんなシニアは嫌われるとして書いたが、上から目線の人、説教が過ぎる人や、自慢話が過ぎる人、昔の肩書や会社にこだわる人などだ。

そうではなく、生涯学習を心がけている人は、謙虚である。そして、人の話によく耳を傾ける。元山一證券の野澤社長が言われていたことを昨日のことのように覚えている。10年前、当社の情報誌にもでていただきインタビューしたのであるが、「自然界すべてのものが自分の師匠です」と言われたのである。そして、会社の経営は、柿の木の育成・剪定から学んだことがあるとして、「この木がどう育つのか、どう育てたいのか、イメージを描く。間違いのないようにどの枝を残すかを考える。間違った方向に伸びると大変なことになります」という話をされたのだ。

まだ、若かった私は、感服したし、今の年齢になっても、まだその境地には達していない。しかし、いつかはそうなりたいと思うし、無理せず自然に近づいていきたいと思っている。しかし、その裏返しで考えたら、やはり、シニアには敬いながらも本音で接するべきだと思う。話が長かったら「長い」と言う。繰り返していたら、「もう5回目です」と言う。忘れていたら「アシスタントをつけましょう」と言う。年齢を重ねていけば、身体的にも衰える。当然、脳も少しは衰えるからだ。

だからこそ、相手が誰であろうと、中途半端に我慢することなく、お互いが本音でお付き合いできるのが一番良いと思っている。

若者はシニアが叱って育てるべし

私の親はとても厳しかった。農家だったこともあるが、まるで、星一徹の世界であった。野球漫画『巨人の星』の主人公星飛雄馬の厳しい父親である。会社をはじめるまでは、そんな親父には反発し腹立つことばかりだったが、会社を創業した10年目に親父が他界してしまった。少しは自立して、自分で責任を持って何かをすることの入口ぐらいはわかってきた頃だったので、ただただ感謝しかなかった。涙があふれて止まらなかった。

戦後の日本は貧しかった。それに親はとても厳しかった。しかし、苦労しすぎた人ほど、子供には甘くなる。

今の若者は軟弱だといわれるが、遺伝子が変わったのではない。環境が変わっただけである。草食男子と言われて久しいが、やはり、意欲のないこのままの状態では日本の未来は危うい。いい意味で、シニアがこれからするべきことの一つは、自分より若い人をもっと「叱る」ことだ。「怒る」と「叱る」を区別する人がいるが、私は相手のためを思うならばどちらでもいいと思う。

また、コラムにも書いたが、新潟の磯部さんは、若者には「薫陶」を与えると言い切る。「薫陶」とは、人徳や品格のある人物から影響を受け、人格が磨きあげられること。いわゆるいい意味で「感化」されることだ。いい言葉だと思う。しかし、真ににじみでる人徳や品格のある人でないとできるものではない。私たちの世代ではとてもできない。まさにシニアの新しい役割として、若者を厳しく育て、薫陶を与える機会が増やせればと思う。そういう学校ができれば素晴らしいと思う。

第6章

シニアが快適に過ごすためのICT活用

シニアが主役の時代にはＩＣＴ活用は不可欠

シニアが主役の時代を創ることが本書の目的のひとつである。その実現のために、実はＩＣＴの活用は不可欠になると考えている。ＩＣＴと言っても耳慣れない人も多いだろう。ＩＣＴとは「Information and Communication Technology」の略だ。日本語では情報通信技術だ。今はＩＣＴによる第４次産業革命がはじまっていると言われている。すでに、シニアも社会全体の大きな変革の流れに取り込まれているのだ。本章ではシニアのためのＩＣＴ活用の意味、そして、ＩＣＴサービスを提供する各社の動向や国の政策、それと併せた産官学連携の動きなども整理していこう。

すでに述べてきたが、今のシニアといえばアナログの代表ともいえる。シニアが生まれたときからアナログなのだから、デジタルには馴染まないのは当然だと思う人も多いだろう。だが、私は約30年間、ＩＣＴ周辺の仕事に関わってきた。その経験から断言できるのは、その理由が的はずれであるということだ。私ぐらいの年齢（53歳）になると現代のＩＣＴを使用することはとにかく疲れる。パソコンもスマホも、私の場合は仕事だから、仕方なく利用しているが、この仕事をしていなければ、完全にアナログな世界で過ごしていたい。

誰でもそうだが、シニアに近づくとやはりアナログ重視、アナログ回帰になるものだ。これは、今のデジタイルネイティブの若者が、いずれシニアになれば同じようになると思う。従来のＩＣＴ業界は売り手の論理で成り立ってきた。今進行している第４次産業革命は決して売り手の論理であってはならない。まして、シニアを無視するようなＩＣＴの活用は成立しないはずだ。なぜならば、今後ＩＣＴ活用のメリットを最も享受するのはシニアになるからだ。これが、30年間、ＩＣＴに関わってきた者として望んでいることである。アナログの世界に一番寄与するのがＩＣＴの役割ともいえよう。そのためにも、シニアの立場、視点からＩＣＴが進化し、発展することが必要である。

実は本書を執筆しているときにお会いした磯部さん（コラムでも紹介）の話がとても印象に残った。

磯部さんと先月、新潟で日本酒を飲み交わしながら話しているときに、ＩＣＴ活用のノウハウをまとめた拙著である『ＩＣＴとアナログ力を駆使して中小企業が変革する』の感想をいただいた。そのときの言葉にハッとさせられた。

「ＩＣＴの『Ｃ』は会話・対話の意味だよね」

これこそ、まさしくシニアの方々の感性なのだと改めて実感した。この『C』にこの意味をあてはめるとこれからのＩＣＴ社会は一気に可能性が広がる。オンラインのしくみを使って会話・対話をする。アナログで生活しているシニアがその重要性を一番わかっている。これからのシニアと若者や海外の人々、地方と地方のシニア同士などさまざまなシーンで新しい形の会話や対話が生まれるだろう。磯部さんのあの一言を聞いてから、私は毎日あれこれとその可能性に想いを巡らせている。

私たちもＩＣＴ業界特有のバズワード（説得力があるように見えるが、具体性がなく明確な合意や定義のない言葉）に惑わされず、〝大和言葉〟で会話をすることを心がけたい。シニアの視点に立ってＩＣＴ業界は〝大和言葉〟でサービスを組み立てなおす必要があると痛感する。そして、シニアの意見やアイディアを中心に、世の中のＩＣＴサービスを見直す。これからは、当たり前のようにＩＣＴ活用の主役としてシニアの存在が大きくなる。つまり、自然とＩＣＴ業界も変革に迫られるだろう。ＩＣＴ業界でアナログの大切さを提唱してきた当社は、今後もその羅針盤の役割を果たしたい。

シニアのＩＣＴ活用の重要ポイントは『つながる』

シニアの生活する世界において今後、ＩＣＴが一番貢献する領域は何だろうか？　キーワードで言いかえるとどうだろう？　一番に挙げられるのが『つながる』というキーワードだろう。ＩＣＴで『つながる』といえば、すぐにＳＮＳやチャットなどを連想するかもしれないが、私たちはそれを真の『つながる』とは捉えていない。オンラインで相手の顔を見ながらコミュニケーションを図ることこそ、これからの最低限の『つながる』だと考えている。

顔が見えないと人間は不安を感じる。直接会うのが一番であるのはわかっている。しかし、それが難しい環境に置かれている人たちは世の中に数多く存在する。シニアはその代表だ。だからこそ、この『つながる』こそが、劇的にシニアの生活形態や活動範囲、そして活動内容そのものを変える可能性を持っているのだ。２０００年前後のＩＴバブル期にＮＴＴ東日本などがこぞってテレビ電話サービスを提供しており、そのイメージを記憶している方も多いだろう。しかし、あの頃とは通信環境が激変している。日本は全国津々浦々、インターネットが快適につながる。世界中、あらゆる国でも同様の可能性がある。少なくとも今はアジアであろうが、日本の田舎だろうが、ネット接続は可能だ。それに加えて、会話や対話をサポートする機能も充実している。要するにこのしくみにおいて、コミュニケーションの大半は可能になる。唯一、一緒にお酒を飲むことぐらいができないことだろう。この『つながる』をシニアが使わない手はない。

では、この『つながる』でどんなことができるだろうか？　次頁の図にまとめてみたので参考にしてもらいたい。

オンライゲームが流行しているが、子供の健全な育成という観点からは首を傾げたくなる。しかし、シニアがオンライン上でアナログのゲームを楽しむことは可能だろう。例えば、囲碁や将棋を地方の誰かと楽しむこともできる。実際に対局する相手は、遠隔地のどこかにいる。自分の前には碁盤と碁石がある。相手はテレビの向こうだが、「代打ち」するのは子供たちだ。子供たちも囲碁を覚える良い機会になる。しくみはいたってシンプル。オンラインを使って遠隔地の人と今まで通り囲碁を楽しむだけである。私ならこんなオンラインの使い方は、楽しいと思う。

独身のシニアが増える。遠隔地の異性とデートすることだって楽しそうだ。今まで会え

『つながる』はシニアを幸せにする

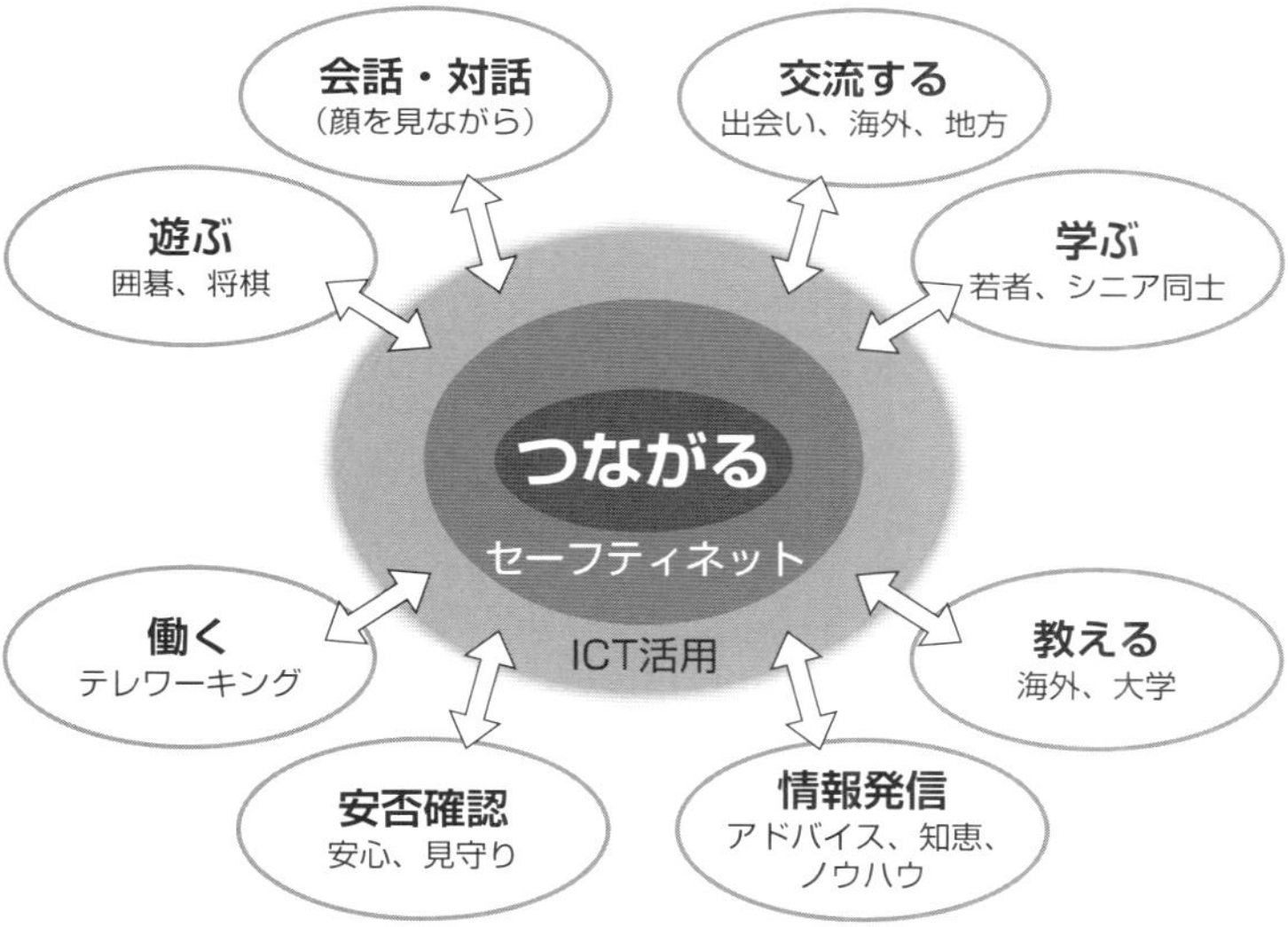

なかった人にオンラインで会える。海外の人と会話する。英会話を習いたい人はチャレンジすればよいが、オンライン通訳を利用すれば、世界中の人と自由に会話もできるようになる。

すでにシニアの経験やノウハウの価値は書いてきたが、オンライン上で海外の大学の講師にだってなれる。情報発信も良いだろう。自分の知恵やアドバイスを日本中、海外の人に教えることも簡単にできる。

ここまですべて顔を見ながらできることばかり。決して、名前も知らない、顔も知らない完全匿名の世界での出来事ではない。さまざまな人たちとつながることは多くのイノベーションを生み出すだろう。この一翼をＩＣＴは担っていくのである。

当社はシャープの戦略的子会社であるｉＤｅｅｐソリューションズ株式会社のクラウド製品「ＴｅｌｅＯｆｆｉｃｅ（テレオフィス）」を使用している。シャープ社内でも約４万５０００人の社員が使用している。そして同社が販売する液晶テレビ「アクオス（ＡＱＵＯＳ）」の累計出荷台数は日本国内で約４２００万台を超えている。この「アクオス」と「ＴｅｌｅＯｆｆｉｃｅ」の利用者はインターネットで『つながる』ことができる。とてつもないプラットフォームになると思う。

別の形態での『つながる』も必要だ。シニアの生活で不安要素の最大のひとつが孤独である。ひとり暮らしには何かとリスクがつきまとう。内閣府の平成26年版高齢社会白書によると、約６００万人のひとり暮らしのシニアたちは、20年後には７６０万人を突破すると見られている。孤独なシニアがますます増える。安否確認という課題もあり、すでに大手のセキュリティ企業やＩＣＴ企業がサービスを提供している。まず大事なことは自由に顔を見ながら会話することができることである。そして、既に書いたが、シニアのセーフティネットという意味においても『つながる』ことがいかに大切かを理解していただけるだろう。

若者だけでなく、シニアが快適に使えるＩＣＴが必要

ＩＣＴといえば、スマホを真っ先に思い浮かべる人も増えてきた。現時点でシニアのスマホ利用率は27％であり、年々増加している。しかし、今のスマホはシニア世代にとって使いやすいとは思えない。小型化が進んだのは良いが、そうすると入力作業の負荷が大きくなる。ぜひ、音声認識の飛躍的向上に期待したい。パソコンにしてもまだ過渡期だ。いまだに、オンラインショッピングでパソコンの専門家派遣をアピールしている。パソコンがテレビぐらいの操作性にならないといけない。

このような製品に実は多機能は必要ない。ガラケー（ガラパゴス・ケータイ）の製造中止が相次いでいるがこれは悲しいことだ。もっと、単機能のガラケーを増やすべきである。シニアは単機能が使いやすい。実際、私の知人のシニアの方はＣメールをよく使われる。Ｅメールに慣れすぎた私たちが合わせるべきだろう。

シニアが利便性を享受するＩＣＴはスマホだけではない。しかし、便利すぎるのもよく

ない。適度に指先を使うことは健康に良い。農業など指先をいつまでも使っている人は健康であると医学的にも証明されている。多手段を講じることも大切。ワンダーワークスの田村さん曰く「メールだけではダメ。ＦＡＸや電話などさまざまな手段がシニアには必要」。極端にいえば、ＩＣＴ完全否定のシニアがいてもよい。むしろいてほしい。車を運転しないが車には乗るという話と一緒だ。

しくみを開発し、サポートする側の前提を変えるべきであろう。１００％アナログな人間でも快適に暮らせるＩＣＴのしくみを発案すればよい。しかし、最後に伝えたいのはシニアに限らず、便利すぎるのは良くない。全自動洗濯機に慣れた人は、アフリカでは洗濯をすることはできないだろう。川で洗濯できるかどうかが問われるからだ。実はこのことは今後のＩＣＴ活用の発想にとても重要なポイントとなる。

シニアが音声で伝えるだけでＩＣＴをすべて操作できることが望ましい。でも、こんなことにどっぷりと慣れたくはない。使いにくいスマホはまだ指の運動になるからよかった。こんなことにならないようにしたいものだ。便利すぎる弊害も常に考えておきたい。

シニアはコンテンツとノウハウの宝庫

失礼な言い方になるかもしれないが、シニアの方々と話をしていると「知恵の源泉」と実感する。自分自身ではどうしても得られない過去の経験こそシニアの方々から学ぶべきである。

そのためにも、シニアの方々の経験を形あるものにしておかなければならない。つまりコンテンツ化していくのである。自叙伝まではいかなくても、自分自身の人生の歩みや仕事のノウハウ、生きる知恵などは十分有益なコンテンツになるはずだ。ある時期に、自分の人生を振り返り、自分史を作ることはみずからの自立にもつながるだろう。体験談や失敗談などは後世の人々に対しておおいに役に立つ。その方々の話をまずは録音しておけばよい。いつかコンテンツ化できる機会が来るだろう。

このようなシニア層に埋蔵している日本の知恵やノウハウは、ＩＣＴと連動することでさらに付加価値が増す。半永久的にそれらコンテンツを活用できるし、世界に向けて発信し、伝えることもできる。

シニアのコンテンツは奥行きが深い。長い人生に刻まれた数々の経験と高度経済成長の勢いのある時代の日本を知っている。ついつい話が長くなってしまい、敬遠されがちなシニアの方々こそ、書籍や映像でその経験とノウハウを残してほしい。このような取り組みが本格化すれば、日本の子供たちやアジアや世界の後身に伝えることができる。

本当に大切なことは何度も繰り返し伝える必要がある。繰り返し多くの人々に伝えるためにもICTを活用するのだ。それぞれに宿るオリジナルコンテンツを後世に残すことの大切さを多くのシニアの方々にも気づいていただきたい。

当社では書籍、電子書籍、画像、映像などを組みあわせたメディアミックスのコンテンツ展開をプロデュースしている。コンテンツ化することは自身を客観視できるいわば「見える化」の取り組みともいえる。コンテンツ化の過程で、自分のことを改めて客観視できる良い機会にもなると思う。例えば、本書でも数多くのシニアの方々を紹介している。私はほとんどの方と直接お会いして会話をしている。やはり、活字になると新しい発見がある。みごとに魅力が客観的に整理されて、特に多くの人に価値を伝えるのに大変便利だ。多くの人に知ってもらうためにはやはりコンテンツ化が必要なのだ。

このようなコンテンツを積極的に生み出していきたい。そして、私たちが準備を進めているコンテンツ発信の場「共創の匠」で皆さんに向けて広く共有できるようにしていく予定だ。

匠の技をシニアが世界にどう伝えるか？

ここまで職人や中小企業の現場で働いてきたシニアの価値について何度も述べてきた。いわゆる大企業の会社員はホワイトカラーと呼ばれる仕事が多い。一方、中小の現場はガテン系やブルーカラーと呼ばれることもある。ホワイトカラーの仕事のノウハウや技は、後世や世界に伝承するほどの技はあまりない。

匠といえば、やはり職人や現場の人間、いわゆる手に職を持つ世界である。以前から、匠の技の伝承は日本の大きな課題に挙げられてきた。特に中小企業や零細企業の世界では深刻な問題として取りあげられる。単純に考えれば、若手社員がベテランのそばに弟子入りし、それこそ体で覚えて伝承すればよい。江戸時代以前から、「技」とはそうやって引き継がれてきた。しかし、残念ながら、そういう職を若者は敬遠するし、今後は益々人数も減るだろう。ＩＣＴを駆使して、情報として後世に残すという取り組みは10年以上前から盛んに叫ばれていたと思う。アーカイブという考えだが、映像や写真で技を残す。こういう第一歩はすでにはじまっている。

この本を執筆しながら、改めてYouTube（ユーチューブ）をのぞいてみた。「匠の技」と検索キーワードを入力して、驚いた。何万という数の映像が検索された。試しにいくつか見てみた。大工職人の技やガラス細工の職人の映像などなど。たいていがコンパクトなコンテンツとして編集されている。例外もあるが、いくつか見た限りでは、編集レベルもそこそこだ。アクセス数の多寡までは検証していないが、すでにコンテンツは山のようにある。ただ、日本語仕様がほとんどなので外国向きではないように思う。とはいえ、技は目で見て盗むものである。工夫次第では言葉などいらないのではないか。

日本から鉄筋工の職人を現地に連れて行き指導

今後、ICTはますます進化する。もしかしたら、匠の技をロボットが代替できる部分も出てくるだろう。ただ、そのときにその技を「匠」と呼ぶだろうか。それは、

スマートグラスを使って現場作業を指導

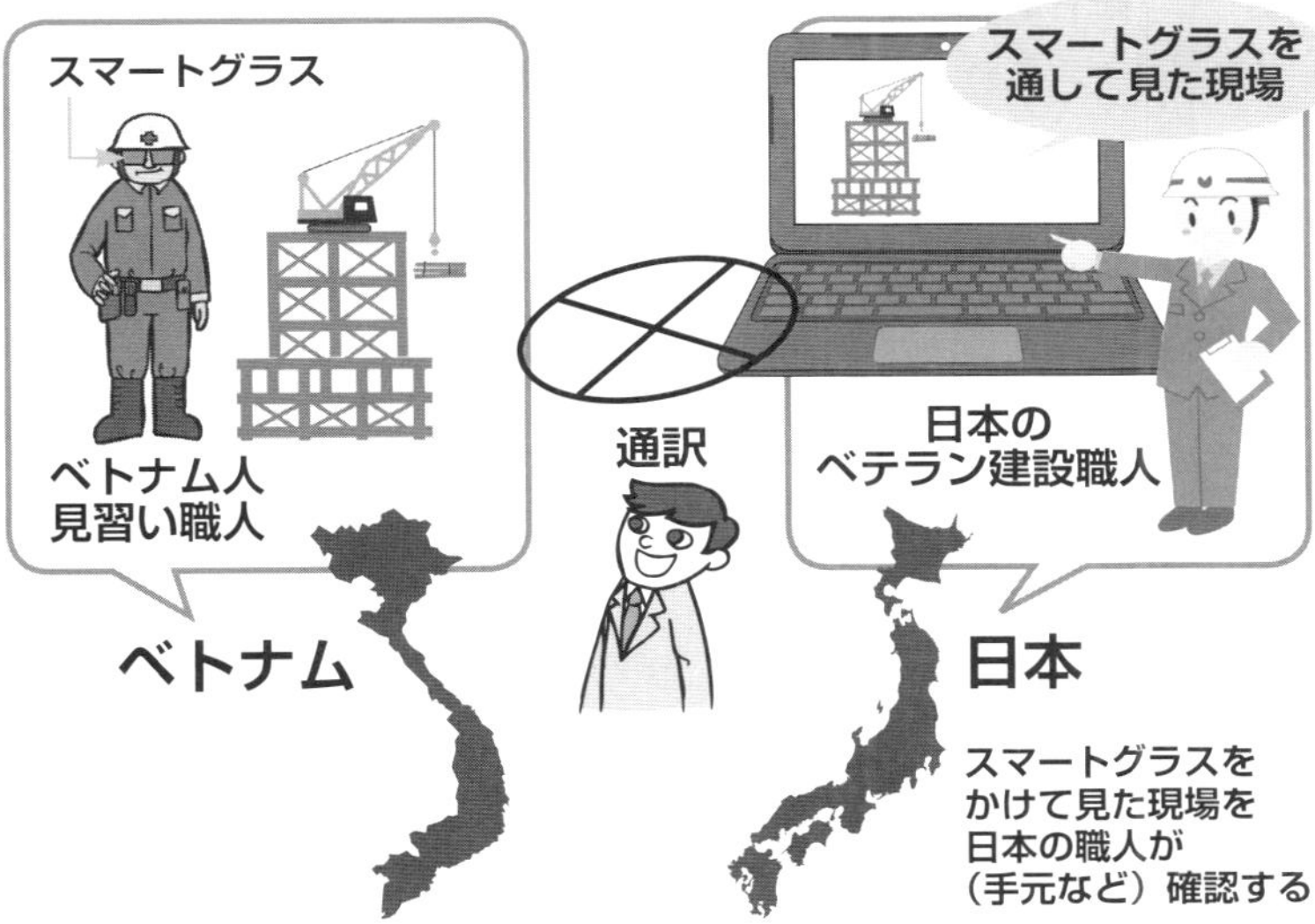

やはり人間のなせる「技」であるはずだ。

話は変わるが、コラムで紹介した小山さんはベトナムの建設現場の職人の指導をしてきた。小山さんは、職人ではないので、日本から本物の職人たちを呼んできた。鉄筋工のシニアである。写真を見ていただきたい。日本の職人はオーラがある。ベトナム人の駆け出しの鉄筋工は日本風に言えば「青二才」。この両者がベトナムの現場で一緒に働く。なんと素晴らしいことだろう。

ＩＣＴは進化し続けている。「Ｔ

ｅｌｅＯｆｆｉｃｅ」などを使えば、クラウド上で簡単にコミュニケーションが可能になる。例えば、スマートグラスを付けたベトナム人の職人がする作業を日本にいるシニアの職人がオンライン上で通訳を介し、現場指導を行う。こんなことはすでに夢物語ではなく、現実となりつつある。時間と物理的な距離を埋めて、世界中でこんな活用ができる時代が目の前に迫っている。つまり、日本の匠の技を世界に伝承していくことが可能な時代が到来しているのである。

当社の人材ビジネスのパートナー、ソルバーネットワーク株式会社の安達哲男社長は、「和職」を商標登録した。「和食」ではなく、匠の技を総称して「和職」である。一緒に匠の技を世界に展開していく予定だ。

シニアがＩＣＴを仕事に使うと何ができるか？

ＩＣＴが生活に溶け込んでくればくるほど、その活用範囲は広がり価値はあがるはずだ。既に紹介しているが、徳島の「株式会社いろどり」の軌跡をモデルにした映画『人生、いろどり』に登場するおばあちゃんがパソコンを使うシーンは印象的だ。パソコンの画面に映し出された売上の情報を見て歓喜するのだ。ＩＣＴがこういう風に使われるとほのぼのする。

もうひとつ違う視点に立つと、行動範囲が広がる点に価値を見出すことができる。シニアは若者に比べると行動範囲が限定される。飛行機などの移動も疲労度からすると避けたい方も多い。このハンディをＩＣＴで埋めることができる。テレワークなどは典型であり、この恩恵をシニアが最も享受できると考えている。前述したように、オンラインで顔を突き合わせたコミュニケーションがとれる現代ならば、距離のハンディは埋めることができる。課題は、これも前述してきた機能性だ。使い勝手が良いもので、シンプルであればなお良い。テレビや洗濯機のように誰もが操作できるシンプルさが求められるのだ。

もうひとつ、ＩＣＴの恩恵は肉体労働の分野を挙げることができる。農業や介護などは年齢を重ねれば重ねるほどきつくなる仕事である。実際に、介護施設などでは慢性的な腰痛を発症し、仕事を続けたくても続けられない人たちが後を絶たない。そんな肉体労働の分野に、今話題のロボット技術は有効だ。最近見たニュースで、徳島のレンコン畑でロボットが活用される話は印象深かった。人の力を使って実施していた作業の補助をしてくれる

ＩＣＴの活用は、今後、さまざまなシーンで見られることになるだろう。

また、情報発信の分野もわかりやすい。ＩＣＴの活用は情報を自ら発信しやすくなる。インターネットがわかりやすい例だろう。テレビ、新聞がかつてのメディアの象徴だったが、今や一億総国民メディア化の様相である。ブログやＳＮＳで情報を簡単に発信することができる。ここにシニアのノウハウを組み合わせたい。誰もが貴重な「知恵」に触れることができるし、学ぶことができる。

最後に、シニア自身がシニア向けＩＣＴサービスやしくみの構築に寄与することを挙げたい。ソフトを開発する話ではない。使い方を指南したり、企画するのである。シニアマーケットは間違いなく拡大の一途をたどる。それは、ＩＣＴに関わる領域の仕事の拡大も含まれている。そこにシニアの知見が求められる時代が到来しているのだ。

ＩＣＴ活用する土壌作りは国の役割でもある

ＩＣＴは、これからは社会インフラのひとつ、交通インフラや医療制度の話と同じレベルになる。当然、国の動きも把握しておきたい。税金がどう使われるのかをチェックするという立場もあるし、世の中がどう変わるのかを知っておくことも大切である。最後に総務省の「情報通信白書」などを紐解きながら、国のICT活用の方向性について触れておきたい。

シニアを支えるICTの活用として、テレワークやSNS、安否確認や介護ロボットなどの活用について紹介してきた。このようなICTの活用は、多くのシニアにとっては未体験のことばかりであろう。それに、ロボットなどが出てくるとSF映画の世界だと現実離れしていると思われるのも無理がないかもしれない。実際、テレワークについては認知度が低かったり、導入方法がわからないという声が多い。そのため、テレワークで可能な仕事が限られてくることが普及の妨げになっている。だが、これらの多くは今後、進化を遂げ、大きく改善されていくと思われる。

そのひとつとして、国のシニアに関するICTの取り組みが活発になっていることが挙げられる。総務省の「平成25年版情報通信白書」を眺めるとシニアとICTの関係性も透けて見えてくる。総務省が主宰する「ICT超高齢社会構想会議」ではICTを最大限に活用した目指すべき超高齢社会のあるべき姿が議論されている。そこでは、ICTを活用して超高齢社会の課題を解決したり、シニアの存在を社会に支えられるものではなく支えるものとして捉えたり、日本と同様に高齢化が進むアジア諸国などへのグローバル展開にまで言及されている。そして、「スマートプラチナ社会」の実現が今後のミッションとして示されている。スマートプラチナ社会とはあらゆる世代がイノベーションの恩恵を受けていきいきと活動できる超高齢社会を意味するものとされており、ＩＣＴによって安心で元気なくらしを創造することを目指すもののようである。

さらに、日本が目指すべき超高齢社会のビジョンも示されているため、以下に引用したい。

①全ての国民が、可能な限り長く健康を維持し、自立して暮らすことができ（健康寿命の延伸）、また、病気になっても住み慣れた地域で、質の高い医療・介護サービスを享受することができる社会の実現

②健康で意欲のある高齢者が、その経験や知恵を活かし、現役世代と共生しながら、生きがいを持って働き、コミュニティで生産活動や社会参加ができる社会の実現

③世界に先駆けて超高齢社会を迎えた我が国が、課題解決先進国として、その解決方策となるＩＣＴシステム・サービスの日本モデルをいち早く確立し、新産業の創出とグローバル展開を実現

このように、国としても超高齢社会に対してＩＣＴを活用することも前面に出しており、

シニアにとってはＩＣＴを活用できる基盤が、国の後押しも加わって整備が進むと期待されており、本書で描いている姿もそう遠くないのである。

また、こういったビジョンのもとでＩＣＴを活用していくことにより、新しい産業が創出されるとも考えられている。具体例を紹介すると、すでに一部紹介しているものも含むが、遠隔健康相談システム、予防医療・疾病管理サービス、医療情報連携サービス、見守りサービス、ライフサポートサービス、クラウドソーシング、テレワーク、生活支援関連ロボットなどが考えられている。これらを踏まえ、シニア向けＩＣＴを活用した新産業の経済効果は、２０１１年時点と２０２０年を比較すると、およそ6～13倍になると推計されており、その額は約10兆６９３９億円～約23兆３６７６億円とされている（２０１１年は約１兆７１１１億円）。

このように、シニアがＩＣＴを活用する土壌は整いつつあるともいえ、経済効果も大きいために参入企業も増えてくるだろう。シニアとＩＣＴの距離はますます近づいてくるだろう。さらに言えば、シニアの生活にＩＣＴが自然と融合している時代も遠くないと思われる。そのとき、超高齢社会を進む日本において世界にも類を見ないイノベーションが生まれているだろう。シニアが主役の時代の土台としてＩＣＴが定着しつつあるのに併せ、これからのシニアこそ日本のＩＣＴ業界の未来に向けた重要な役割を担うことは間違いない。そういう時代が到来しているのだ。

ただし、くれぐれも甘いものに蟻が群がるように、ＩＣＴ関連のサービス会社が群がらないようにしてほしい。シニアビジネスはロマンとソロバンが重要であるとすでに書いた。これからのシニア向けＩＣＴ関連サービスを担う企業（異業種からの参入もおおいに期待される）には、ぜひ、短期的な儲けを中心に考える今までのようなＩＣＴビジネスではなく、日本が世界のお手本となるようなビジネスモデルの構築や新商品・サービスの開発に邁進していただきたい。

●コラム―大活躍するシニア（その3）

毎日を新鮮な気持ちで仕事に向き合う（川添良幸さん・67歳）

還暦を過ぎ結成したバンド活動を楽しむ川添さん

ロシア科学アカデミーと東北大学未来科学技術共同研究センターに所属する川添良幸教授との話は、毎回、今まで自分が知らなかった新しいことを教えてくれるのでとても楽しい。数年前の初対面のときは「皆さん、月が地球の周りをまわっていると教えられてきたでしょうけど本当は違うんですよ」と教えられた。50歳手前の頃だったので、それこそ今まで教わってきたことは何だったのか、と考えてしまったことを今でも思い出す。答えは「月は地球の衛星ではなく、地球と同じに太陽の惑星に分類する方が正しい。直ぐ側にあっ

て一緒に同じ方向に太陽の周りを回っている連星だ。月の軌道も地球と同様に太陽を中心にほぼ円形」とのこと。なるほど、毎回勉強になる。

最近教えていただいた話も今までの既成概念をぶち壊された。「燃えるゴミと燃えないゴミの分別の基準はわかる？」と突然、川添さんは私に質問する。カンとペットボトルは燃えないゴミで…などとあれこれ考えてみたが、正確に答えられなかった。すると、「仙台と東京の分別は違う。仙台では分別はしていない」と言う。「えっ？　本当ですか？」と思わず聞き返した。実は、川添さんの専属秘書のお子さんが、東京から引っ越してきたときに質問されたと言う。「なぜ東京と違うの？」と。念のためにと思い、こっそり仙台市のホームページを見てみると、確かに「燃やせるゴミ、燃やせないゴミの区別はありません」と記載されている。驚きだ。なぜ、分別しないのか？　正解は、今は焼却技術が進化して、８００～１０００度の高温で処理するため燃えないものはないらしい。それくらいの高温で燃やせば(正確には４００度以上)、有毒ガスであるダイオキシンも発生しないと言う。だったら、なぜ、いまだに分別しているエリアが日本のあちこちにあるのだろう？　本書のテーマではないので詳細は他に譲るが、各地の行政の事情であろう。身近なテーマでもここまで改めて気づかされる。ありがたい話である。

人は生きるために何かを「思い込む」。しかし、一方で、その思い込みを打破することで、毎日が新鮮でワクワクする人生を送れたりもするから不思議な動物である。川添さんは、科学者である。あるとき「何のために研究をするのですか?」と質問したことがある。「単なる好奇心だよ」と答える川添さんにさらに質問した。「答えがでない、結果がでないと考えたことはないのですか?」と。「そんなことは考えていない。とにかく継続すること。そうすると何か生まれるから」。

東北大学の名誉教授になられた川添さんは67歳になられた。ロシアやインドにも精通されていて海外出張も多い。先日も研究室にお邪魔したらインド人の教授と留学生を紹介していただいた。川添さんは、人間が思い込んでいる事を科学的な見地から原理原則を見つけ出し、説明をしてくれる。最近では川添さんらの研究により、新たな炭素物質の五角形のグラフェン（炭素原子のシート）を発見したことがニュースで流れていた。私は専門家ではないので詳しい原理はわからないが、従来は六角形で結合されているという常識を覆すものだそうだ。

川添さんは年齢的にはシニアだ。しかし、日々取り組んでいることは若手研究員のように、常に新しいことを解明しようとされている。科学的に見ると、今までの常識も簡単にひっくり返る。だから、常にフレッシュな気持ちで仕事に向き合えるのだろう。今後、川添さんとは科学的考察の大切さを伝えるコンテンツを作成し、日本の子供たちや海外の子供たちに伝えることができればと考えている。

人に教えることの喜びを知る（当社のスタッフ）

―2013年4月1日（月曜日）（この日の大阪は快晴だった）

実はこの日はちょっとしたエポックメイキングな日となった。運転免許証の更新の際に、警察や免許試験場などで受講する講習業務を民間企業が初めて運営することになったのだ。その民間企業こそ、私たちブレインワークスである。

簡単に説明すると、運転免許更新時講習は制度発足以来、各都道府県の交通安全協会が各都道府県の随意契約により受託し続けてきた。交通安全協会の職員の多くは退職警察官で構成されている。つまり、外郭団体への委託事業とはいえ、どこか身内での仕事の投げ合いに近い様相であったことは間違いない。その中で、私たちは大阪府警の公募事業として落札し、冒頭の2013年4月1日より事業を開始した。

大阪府内の63警察署の近くに講習会場となる物件を押さえるところから仕事はスタートす

る。そして、次に待ち受けるのは講習を担う『講師』の方々の募集である。神戸に事務所を構える私たちは、関西一円、特に大阪で講師要件を満たす人材を広く募った。その結果、500名以上の方々から応募いただいた。最終的に採用したのは約250名。実はその多くが60歳以上のシニアの方々だったのだ。

いわゆるシルバー人材が街のさまざまな機関・施設で働いていることは、日常生活のさまざまなシーンでよく見慣れている。スーパーマーケット、駐輪場、清掃員など、数え上げればきりがない。しかし、今回私たちが公募したのは、講師と事務員という2つの職種。決して報酬は高くない。しかし、そこに多くのシニアに集結いただいた。

事業を進める中で、私たちは改めてシニアの方々の経歴を見直してみた。元社長やメーカーの工場長だった人、経理畑で40年経験を積んだ人、人事で社員教育に20年の経験を持つ人などなど。まさに、日本の高度経済成長を牽引してきた方々の華々しい経歴が列挙されていた。と同時に、ある疑問がわいてくる。

「なぜ、このような立派な経歴を持つ人たちがこのような講習事業に応募してきたのだろうか？」

経歴だけみれば企業の顧問でも務まりそうなものである。そうでなくとも、なにも日当の安い講師の仕事を選ぶ必要もないのではないか。そのように感じてしまうのである。

例えば、Kさんは大手企業の営業責任者として定年まで勤めあげた。社内の営業部スタッフの教育も一任されており、人前で話すことは得意中の得意。若い人が成長していく姿こそ、Kさんの仕事のやりがいだった。講習事業で教壇に立つようになって3ヶ月が過ぎた頃、Kさんにそれとなく尋ねてみた。

「友人から誘われて応募したが、本音はまた人前で話をしたい、教えたいという気持ちが強かった。おかげでその喜びをさらに知ることができた」

Kさんは、自宅から講習会場まで電車でゆうに2時間くらいかかる。しかし、Kさんが一度たりとも遅刻したことはない。それどころか、誰よりも早く会場に到着し、準備をしている姿を何度も見た。民間企業で鍛えられたKさんの仕事に対する姿勢は頭が下がる。このような揺るぎない熱意のもと、Kさんは日々の講習に向かいあっていたのだ。

Sさんは元経営者であり、多くの社員を雇う立場だった。経営者経験を持つため、私たちの未熟な対応にも多くの叱咤をいただいたことがある。それこそ、どこかの企業の顧問としても通用しそうなSさんに「なんで講師をやっているのか？」とストレートに質問したことがある。

「会社の顧問になればそれはそれで良いけど、何か違うかなと思ってね。別に働かなくても良いけど、家にずっといるとそれはそれでしんどいもんだよ。仕事ばかりしてきたし、やはり何か社会とつながっていたいという気持ちがあった。自分だけではないと思うが。この職場はいろんな人が来て話ができる。みんな社会とつながっていることを確認できるんだと思う」

シニアの身で仕事をする事情はさまざまだろう。もちろん生活のためも大きな理由となる場合も多いだろう。しかし、お金ではない「何か」に突き動かされて使命を果たしている方々は、私たちの想像以上に多いのではないだろうか。だからこそ、経験豊富なシニアに若い人たちも学ぶことは多い。

ちなみに、2015年8月から私たちは京都府警から運転免許更新時講習事業を受託して、事業運営を行っている。ここにも、大阪の〝同志〟の方々が数多く参戦していただいている。民間企業で初めて運転免許更新時講習事業を立ち上げた同志の方々だ。当時はトラブルの連続でお互いに疲弊の連続であった。しかし、そのシニアの〝つわもの〟たちのおかげで乗り越えられたと言っても過言ではない。その経験とノウハウが他の都道府県でおおいに活かされているのだ。

今、高齢者の運転事故が絶えない。これも解決するべき日本の大きな課題ではあるが、背景の問題は大きい。そういう意味でも民間のシニアがシニアの目線でシニアの交通安全に貢献する意義は大きい。

富山の精神風土「土徳」をもってアジアへ（蓑口潔さん・68歳）

富山県南砺市在住、今年68歳になられる蓑口潔さん。「人はいつでも成長できる」という考えのもと、現在は有機農業の指導や環境コンサルタントとして活躍されている。

蓑口さんは関西電力にて、ＴＱＣ（トータル・クオリティ・コントロール）推進事務局スタッフとして4年間従事されていた。全社的品質管理、さらには全社的経営管理を指すＴＱＣ。トップダウン的経営管理においては、経営者みずから強力にＴＱＣ推進組織を先導する必要があった。トヨタがその先陣を切ってＴＱＣを導入し、自動車の品質向上とコストダウンを著しく改善させた。それを契機に主要な製造業の多くがＴＱＣを導入し成果を出しはじめ、サービス業まで広範囲に拡大していった。高度経済成長期においては、ＴＱＣ活動に経営資源である、人、物、金を多くつぎ込んだ企業も多かったが、10～20年も経過すると、ほとんどの企業のTQC活動が衰退していく。

そしてトヨタ、コマツなどの企業はTQM（トータル・クオリティ・マネージメント）へと進化させ世界のトップ企業になっていった。

これらの成功企業の共通のコンセプトはひとづくり「人材育成」であった。この人材育成システムを「人間的品質管理」＝HQC（ヒューマン・クオリティ・コントロール）と蓑口さんは言われる。HQCは、「働く喜び」や「働く楽しさ」、そして「成長の喜び」を企業活動の中で醸成するという理念を持っている。

富山ブースで販売する簑口さん

富山という環境の中で特に大事にされてきた「おもてなし」の文化。その強い精神風土のことを蓑口さんは「土徳」と言われる。「土徳」は今から60年前に民藝の指導者が「南砺地方」の精神風土を表した造語であると言う。

「HQC」と「土徳」は異次元領域のよ

うに思われるが、この2つには共通点がある。それは「人間」に関わることであり、その中で培われる「精神性」そして「協働」だと考えられている。

蓑口さんは定年前に早期退職をされ、それ以降は地方再生に取り組まれている。富山県内のある地域活性化プロジェクトに関わった際には、市長はじめ官民一体となった取り組みを実施。そのコンセプトは「いのち（医農知）」。医療、農業、知識、それぞれの成長を通して、まち・地域を活性化していくというものである。そこでの活動実績を元に、現在では他の地域へと拡大されている。

ベトナムのイベントで土鍋で炊いたごはんをふるまう蓑口さん

そしてその活動の場を、海外ベトナムへも広げられている蓑口さん。ホーチミン、ダックラック、フエなどベトナムの各地へ、富山の株式会社河原農芸の河原政雄社長（65歳）はじめ農業関係者の方々とご一緒に足を運ばれ、現地の視察、今後の展開、また教育についても熱心に考えられている。日本の農業技術、電気工事をはじめとする

電子技術など、これからのアジアで必ず役に立つであろう技術の教育に熱心でいらっしゃる。

そしてアジアビジネスカンファレンスでは100名を超えるベトナム人経営者・マネージャー層の方に向け、「土徳」の考え方を、講演を通してお伝えいただいた。日本人に学びたい、日本人の考え方を知りたいと言われる現地経営者からは、絶賛のお声をいただいた。

また、11月にベトナムの地方の有力都市カントー市で開催された「第1回ジャパンフェスティバル」では、富山ブースを設置され、富山県の物産、特産品をお持ちいただいた。現地の方にとっては、普段見ることも、味わうこともない物産に多くの方が喜びの声を上げていた。特に土鍋で炊いたごはんは、大人気だった。

地方再生、人の成長にとって何が必要かということを常に考えられ、それを日本国内だけでなく、アジアでも伝えていこうと精力的に活動されている蓑口さんは、今後アジアで活躍されるシニアの代表選手になられること間違いない。

ベトナムでHQCについて講演する蓑口さん

陽気な母さんのパワーで地域活性化（石垣一子さん・62歳）

当社では農業ビジネス支援の一つとして、農業ビジネスをされる東北地域の方を取材してまとめた書籍『東北発！　女性起業家28のストーリー』（2012年6月・カナリア）を東北地域環境研究室と共著で発刊している。

その中で紹介しているのが、秋田県大館市で体験型直売所「陽気な母さんの店」を経営する石垣一子さんだ。現在62歳の〝エプロン姿に頭に手ぬぐい〟が似合うパワフルな女性である。

1996年に、県の事業として海外研修に参加する機会があり、イギリスなどを視察。そこで刺激を受け「日本の農村女性は表に出て役割を果たす必要がある」と考え、それに賛同した農家女性会員を1年間で100名に。そして2000年に「陽気な母さんの店　友の会」を設立。翌年に念願の直売所を開設された。この名称には、『農家の嫁が輝く太陽とよばれるために』との思いがこめられている。

開設にあたっては、大変苦労されたと言う。公的資金の支援を受けようとも、日本の農家はまだまだ旧体質。新しいことをしようとする組織にはなかなか目を向けようとしない。周囲の反対も多い。そんな時期も、石垣さんのパワフルさで乗りきることができたのだろうと思う。

この直売所には、地域の多彩な農作物が集まっている。加工品や、さらには地元の手工芸品も販売するなど、地域文化の発信地としても知られるようになった。りんごや梨の収穫体験、そば打ち体験、きりたんぽ料理教室など体験交流ができる場として、地域の子供や県外からの観光客、修学旅行生なども受け入れている。体験交流は年間２００回以上開催するなど人気スポットだ。また、農家レストランとして地元の新鮮な野菜を使った料理を提供。そして大館市の自然と農業、食文化を発信することの強い思いで、２０１５年７月には法人化。陽気な母さんの店株式会社として新たなステージへと進んでいる。

日本の農業を支えるのは、石垣さんのような女性であることは間違いない。農家は立派なビジネスだが、

講演活動を行う石垣さん

企業のように定年退職はない。生涯現役でできるビジネスであり、人間が生きていくために必要な『食』を守ることができる。そしてその『食』を担うのはやはり女性のパワーだ。

石垣さんのすごいところは、農家の嫁ではなく、地域に貢献する事業を行い、農村女性の地位向上につなげたいと活動を続けているところだ。地方創生を実現するには、それぞれの地域に特化した文化を発信し、観光産業を活性化させることや、地域に生まれ育った子供たちが、将来その土地に戻り守りたいという思いを持てる教育が必要だ。そこに石垣さんのような思いを持つ女性の活躍の場がある。

「農家が農産物を作るだけの時代は終わり、将来の農業のため、次世代のためにやるのだ」という強い意志をもつ石垣さんは、まさに陽気な母さんそのものだ。

おちゃめなシニアは現役イラストレーター（田村セツコさん・77歳）

本書にも多くのヒントを下さった、ソニースピリッツの伝道師、田村さんのお姉さまである田村セツコさんもまた、実にアクティブなシニアのおひとりだ。

現在77歳にして、現役のイラストレーター。毎日アイシャドウ、アイライン、アイブロウと、若者に負けないメイクをして、ファッションも楽しむと言う。人生を楽しんでいる彼女には、その秘訣満載の「習慣」「考え方のコツ」があった。

田村セツコさんは、女性の方であれば一度は手にしたことのある、少女マンガ雑誌『りぼん』『マーガレット』などの表紙、口絵などで活躍されたイラストレーターである。原宿で30年近く生活をし、「カワイイ」の元祖としても話題になった方だが、その生き方が現代の女性に勇気を与え、近年メディアでも取り上げられている。田村セツコさんはイラストレーターとして走り続け、さらには家族の介護を6年間続けられた経験をお持ちだ。介護経験までも、とにかく明るく話す。田村セツコさんのように〝明るい、常にポジティブ〟ということも、元気なシニアの共通点の一つであることは間違いない。

またアクティブなシニアは、自己分析を的確にされている。自己管理を徹底し、いつまでも生涯現役でいられるように、トレーニングを取り入れたり、刺激のある場

その生き方も注目される田村さん

に意識をして出向いたりと行動一つ一つがとにかく緻密なのだ。若い頃のような行きあたりばったり、ということはない。自己分析をしどうすればよいかと自分で調べる、そして取り入れている。決して他人任せでもない。それぞれに、若くいつづけるための明確な秘訣をお持ちだ。ぜひこういった秘訣も発信してもらいたいと思う。

シニアと言えば暗い話題が多いように論じられるが、ものは言いようである。課題があるところには光がある、ではないがそこにはチャンスが必ずある。

例えば、人口の４割が65歳以上になる時代が迫っている。いろいろな課題があるが、シニアが増えれば当然単身世帯が増えるということだ。政府発表でも人口の４割が単身世帯になるとも言われている。単身のシニアが生活しやすい、楽しめる環境づくりは〝未来〟があるように思う。シニアの婚活ビジネスもでてきているが、もっと広い意味でシニア同士のつながりを作りあげる

田村セツコさん作のイラスト

ことが良いと考える。

田村セツコさんはアナログ的な世界で生きてこられた方だが、おひとりで都会の真ん中、原宿で生活をされる中でも、人とのコミュニケーションを大事に活動されている。田村セツコさんの著書『おちゃめな老後』（2013年10月・WAVE出版）にもあるが、同年代のひとり暮らしの方と毎朝電話で話をすることを習慣にされているそうだ。元気なシニアがこれからますます増える。とても楽しみだ。

万年青年企業を掲げる社長の源泉は「コンチクショウ精神」（高柳眞さん・71歳）

私が10年以上前から懇意にしている印刷会社、株式会社昇寿堂の瀬戸良教社長（74歳）から、紹介をいただいたのが静岡県にある、株式会社TRINC（トリンク）の社長、高柳眞さん71歳だ。

高柳さんは〝テレビの父〟として知られる高柳健次郎の遠戚にあたり、幼い頃から好奇心旺盛だったそうだ。大学院卒業後、ヤマハ発動機で本格的なコンピューターシステム導入に携わり、その後当時から有望視されていた通信技術、光ファイバーの研究に没頭。小型ファクス機の開発も行ったが、中小企業を取り巻くリスクに翻弄され、起業を決意。46歳で起業後はファクス機の独自技術を武器に、大手企業から受注できるものは何でも引き受け開発。やがて古巣のヤマハ発動機から、ホコリによる不良の対策を持ち込まれ、ホコリの原因となる静電気除去に取り組み、現在の除電器へとつながったと言う。

高度経済成長期の製造業の現場を経験し、そして現在日本を支える製造現場でこの除電器が力を発揮し、今やトヨタ自動車の製造ラインでも認められ、世界の工場に広がりを見せている。

「50年以上も思い込みのあった分野で、レガシーな技術を使った地味な事業だ」と高柳さんは話される。例えば、印刷業界では品質が悪いと、紙かインクの問題と思い込んでいることが多い。だが実は静電気が問題だそうだ。当たり前のこと過ぎて誰も気づかなかった。これを高柳さんが研究をし、発表。現在のビジネスへと発展させた。

高柳さんは、お会いしたときにこのように話されていた。「除電技術分野では17歳。人間50歳、60歳と年齢を重ねると垢が溜まってくる。60歳を超えると大抵のことを経験済み。そうするとさまざまな問題点が目につくようになる」。

〝垢が溜まる〟という表現に新鮮さを感じた。

また、高柳さんの源泉は「コンチクショウ精神」だと言う。大企業が間違った商品を売り、ユーザーを犠牲にしている。それをなんとかしなくてはという気持ちが大事だと力強く語ってくださった。仕事が大好きで、日曜日も元旦も休みなく働かれているが、「好きでやっているから毎日が楽しい」と笑顔で話されていた。

休みなく働き続ける高柳さん

シニアの方で、驚くほど元気に毎日仕事をされている経営者は他にもいるが、共通するのは、毎日楽しく、自分が好きなことに没頭しているからなのだろうと思う。高柳さんも71歳の現時点でも、この分野の間違った常識67項目を本にして、世に訴えている。

そんな高柳さんは、現代の若者に嘆かれている。「若者は最先端テクノロジーやICTのような、華やかな世界に走ってしまい、基本の大切さを忘れているのが心配だ」。常に夢を持ち、技術を追い求めて「万年青年企業」を掲げるほど技術を愛されているのだ。

大手企業が世界で活躍できるのも、まさに高柳さん

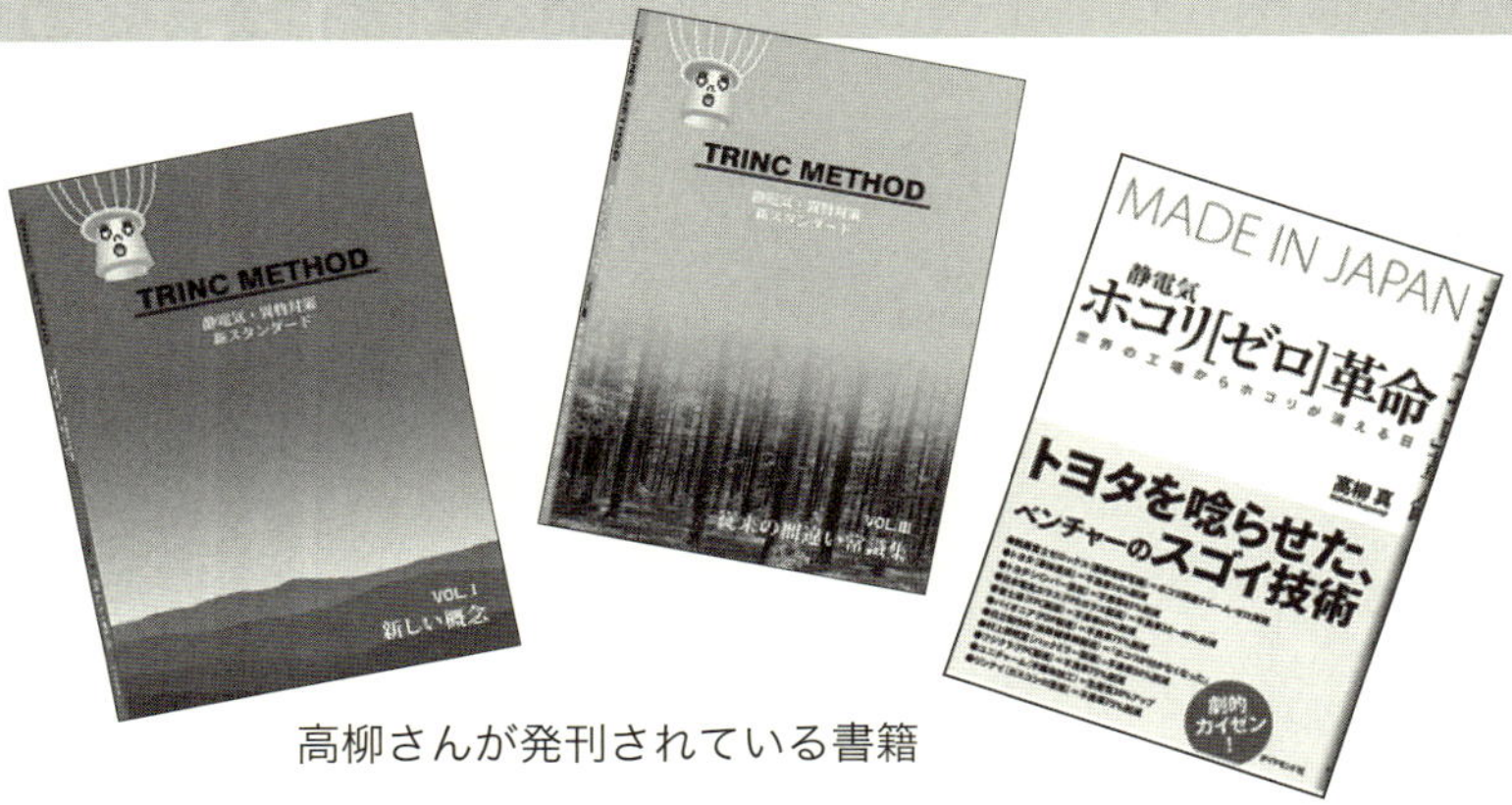

高柳さんが発刊されている書籍

のような方が現場を支える基礎技術を開発し、大手、中小企業関係なく正しい技術を伝えていくことに真摯に取り組まれているからだと改めて実感した。日本の製造業の現場を支えるのは、誰もが知るようにシニアだ。そのシニアが若者に対して抱く思いを、大学、メディアも含めて正しく伝えていくことが大事なのではないだろうか。

高柳さんは本当に伝えたいことを残していきたいとの思いで、自分が持つ技術などを書き起こし、まとめられている。「TRINC METHOD(トリンク メソッド)」シリーズとして、第一弾『新しい概念』、第二弾『従来の間違い常識集』を発刊。非売品で無償配布されている。私もいただいたが、『従来の間違い常識集』は科学好きの私には面白くてたまらなかった。書籍表紙にも掲載されている「トリン君」というキャラクターが抜群にかわいい。ここにもまた日本が誇る技術を後世に残そうというシニアの取り組みがある。

第7章

シニアがリードする課題先進国日本の未来

日本の取り組みは世界のお手本？

日本のこれからを考えたときに、一般的には人口減少、高齢化社会など課題があることに対して悲観的に論じていることが多い。確かに間違いばかりではない。

私は、2つの意味合いで、課題先進国日本だと考えている。一つはいまの日本は国際的に前例のない社会的課題に直面している点と、もう一つは過去にさまざまな国家的課題を解決してきた国であるという点である。

だからこそ、いま日本は世界的にも大変注目されている。すでに課題解決先進国であり、これからも課題解決先進国を目指す日本が、どのようにして高齢化社会を克服するのか、どのような変革をするのかと世界が注目している。だが日本は世界から見ると、現在は反面教師になってしまっている部分も多い。例えば、先進国のなかでも突出して使えるものを捨てたり、無駄なサービスを生み出し続けている。

実はこの2つの課題解決先進国において、これからの主役はシニアだということにお気づきだろうか。過去の日本の課題を解決してきたのは、今のシニアの方々だ。そして、これからの高齢化社会という課題の中心にいるのも、シニアなのだ。

過去の日本の課題を解決してきたシニアに注目すると見えてくるものがある。発展途上の中、多くのチャレンジをした結果、多くの失敗経験をしている。公害や農薬問題はまさにこれにあたる。そして、果敢にチャレンジをしてきた原点にあるのは、日本が誇るべきサムライスピリッツでもあり、ハングリー精神でもあったのではないだろうか。

そのような激動の時代を生き抜き、課題を解決してきた結果、残念ながら、今の日本は、豊かになり恵まれ過ぎた。そして若い人たちはチャレンジする精神を持たなくなった。先進国になり過ぎたがためにストレス社会をも生み出した。

このような現代に対し、過去の課題を解決してきたシニア世代に問うと、多くから聞かれるのは、「このまま放っておけない」という声だ。自分たちがこれからも生きる日本において、高齢化社会が待ち構えている。介護、医療など健康面での対策も課題だ。それ以上に今の軟弱な若い世代にシニア世代を財政面で支えることなど、とうてい不可能だ。若い世代に任せられないから、みずから立ち上がろうというシニアもいる。また、現代社会を見て、後世に自分たちの生き様を残したいというシニアもいる。大変勇気づけられる。

これからの社会はまさにシニアが主役になる。高齢者が増える中、シニアが求めるものを生み出せるのは、やはり同じ世代でもあるシニアではないだろうか。中でもアクティブなシニアが、同世代のシニアが求めるサービスや商品を生み出していく。シニアによるシニアのためのサービスが生まれる社会。これこそが本当の意味での高齢化社会である。

そして、地方活性化についてもシニアの手腕が期待される。現役時代に都会でバリバリにビジネスをしていたシニア世代が、Uターンで地元に帰る。地元で静かに暮らすのではなく今までの知識、経験を活かして地域活性化に一肌脱ごう、と一念発起する。こんなことも珍しくない。私は仕事がら、地方に出張で出向くことが多い。そこで出会うシニアはとてもお元気だ。こういったアクティブなシニアこそ、地方活性化に大きく貢献することができる。

このように、これからの日本の課題を解決していくためにも、シニア世代のなかでも、特にアクティブなシニアがさらに自立していることが求められていることをご理解いただけたのではないだろうか。

少なくとも、課題解決先進国である日本の取り組みが世界のお手本として認められるキーは、シニアが握っていることは間違いない。

日本の取り組みは世界のお手本

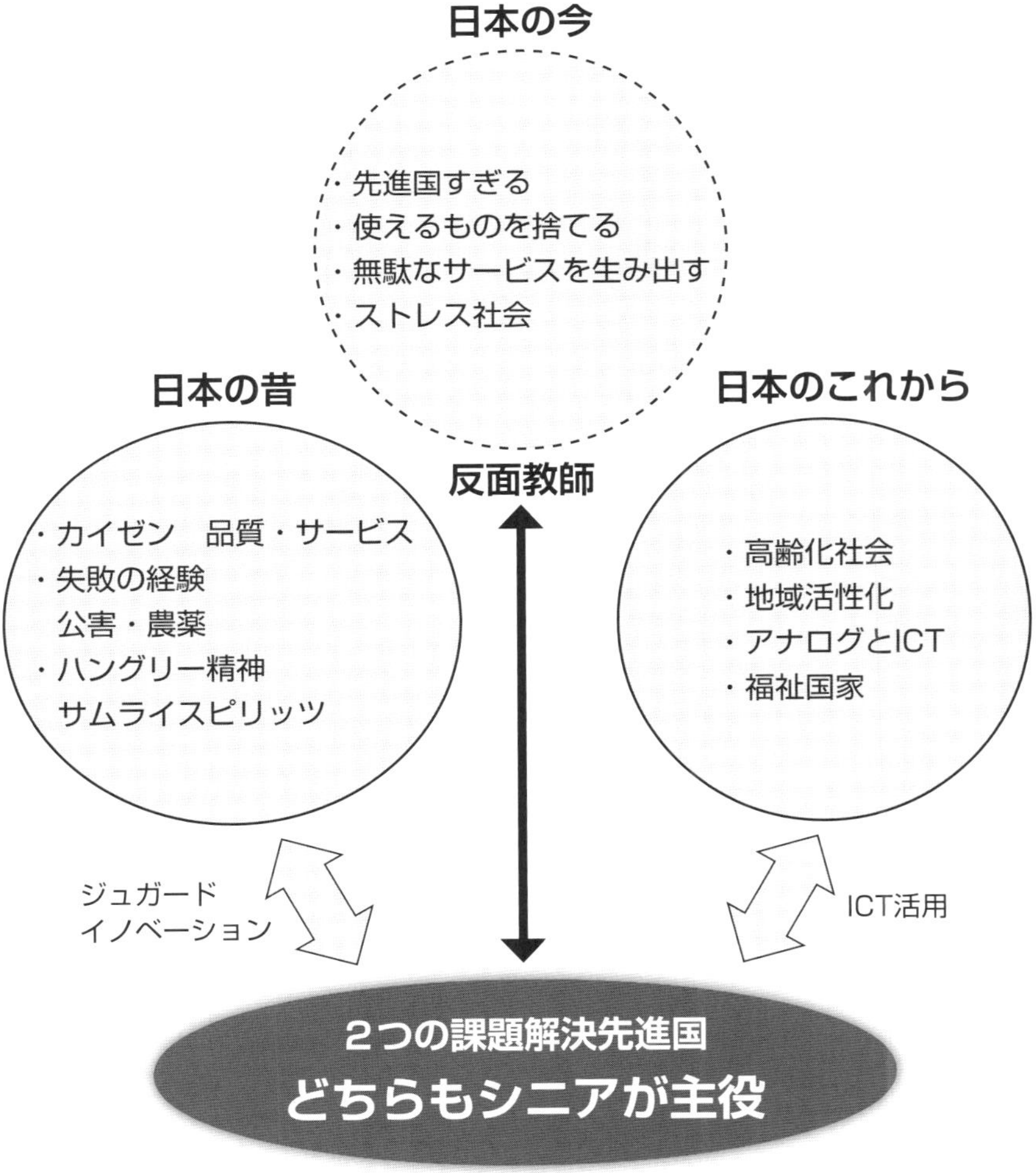
日本の今
・先進国すぎる
・使えるものを捨てる
・無駄なサービスを生み出す
・ストレス社会
日本の昔
・カイゼン　品質・サービス
・失敗の経験
公害・農薬
・ハングリー精神
サムライスピリッツ
日本のこれから
・高齢化社会
・地域活性化
・アナログとICT
・福祉国家
反面教師
ジュガード
イノベーション
ICT活用
2つの課題解決先進国
どちらもシニアが主役

シニアは次世代と世界の羅針盤になる

日本は今年、戦後70年を迎えた。だんだんと戦争を体験した当事者がいなくなっていく中で、戦争体験を後世に伝えることはとても大切なことだと思っている。そして、戦後の日本の復興も伝えていくことも同様だ。貧困と混乱の中で経済復興を遂げたプロセスやそれを牽引した挑戦者の足跡などを後世に伝えていく意義は大きい。

日本が世界第2位の経済大国まで駆け上がり、高品質な商品開発とサービスを実現させた『カイゼン』の手法は世界の経営者のお手本になっていると言っても過言ではない。とはいえ、このような話を当事者である日本人、特に日本の若者が知らない。このことが残念でならない。失敗の連続の中で、それらをどうやって克服してきたかの取り組みやノウハウは後世が引き継いでいく必要がある。

偶然にも私と同じ生年月日である株式会社矢野経済研究所の取締役の矢野元さんと、本書の執筆中に情報交換させていただいた。彼は生まれも育ちも東京だ。私は徳島のど田舎の生まれ。東京の目黒区の昔と徳島の田舎の話をお互いに思い出すがままに話をした。同じ日に生まれていながら、それぞれが目の当たりにしてきた高度経済成長期の体験やギャップに驚く。

もっとも私は、うろ覚えながら東京の様子はテレビのブラウン管で眺めてきた程度だ。当時の東京における貧富の差などの話はいまさらながら新しい発見。その中でも目黒川の話は強烈だった。工業廃水による汚染などは実際の体験者に話を聞くと、やはり受け止め方が違うようだ。現代の目黒川はさすがに清流とはいえないが、それでも見た目は普通の川だ。ヘドロが浮いて、水が緑色に濁って…なんてことはない。しかし、そんな今の様子だけを見ている若者や子供たちは大きな勘違いをするはずだ。「昔から日本はこうだった」と。しかし、それはまったく事実と異なることを過去の体験者たちは後世に伝えていく義務がある。日本もかつては、今の中国や東南アジアと同じように環境問題を引き起こしてきた国なのである。その問題や課題を克服してきたことを忘れてはならない。

これからの日本再生のテーマは農業、地方活性化、中小企業の事業継続などが挙げられるだろう。どれもシニアの方々が担うテーマではないか。逆にこのようなテーマは、今の若者たちだけでは担えない。

私はシニアこそ日本の次世代の羅針盤になると考えている。これから日本が向かう世界は、いずれ世界が追従していく世界だ。すでにアジアも老いはじめていることは述べた。

シニアは次世代の羅針盤

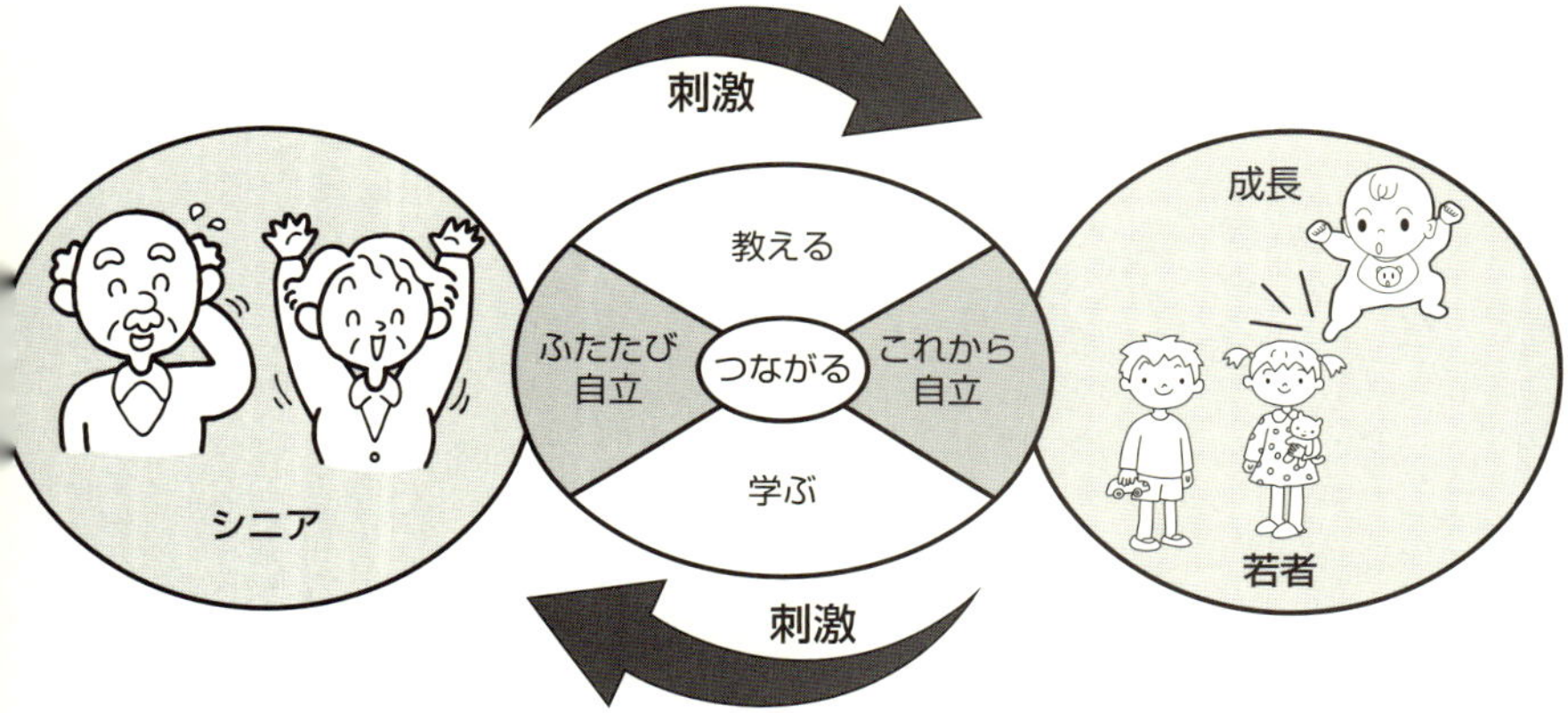

日本のシニアがいつまでも元気に生き生きと暮らし、幸福度世界一になれるとしたら、本当の意味で世界の羅針盤にもなれるだろう。

世界は日本のシニアを待っている

すでに述べてきているが、アジアや世界は日本のシニアに大きな期待を寄せている。その期待の源は日本が培ってきた技術指導やノウハウにある。ＪＩＣＡのシニアボランティアはすでに世界各国で活躍している。当社の社員である27歳の渡辺慎平は２０１４年からアフリカ大陸のウガンダで水処理関連のボランティア業務に就いている。通常、青年海外協力隊として会社を辞めて個人として任地に出向くが、彼は新しく設立されたＪＩＣＡの民間連携制度を利用している。当社としても将来のアフリカビジネスの可能性も模索できる絶好の機会でもあったため、２年間という期間、現地に送り出した。彼から送られてくる毎月の改善活動のレポートはとても興味深い。

ＪＩＣＡではシニアボランティアの活動も推進している。こちらは１９９０年にスタートしたもので「シニア協力専門家」制度と呼ばれていた（現在は「シニア海外ボランティア」）。２０１５年７月時点で５７４８名のシニアが73カ国で活躍している。発展途上国において生活改善や農業の質の向上などに貢献しているシニアは意外と多い。もちろん、ＪＩＣＡの制度だけではなく、単に私たちが知らないだけで、シニアが海外で活躍しているケースは想像以上に多い。ちなみに、渡辺が赴任しているウガンダでもシニアボランティアが２名派遣されている。

各国が日本のシニアに期待するもう一つは、日本人に彼らの国で暮らしてもらうことだ。今のところは近隣のアジア各国でその期待は大きくなっている。礼儀正しく、秩序を守る日本人はどの国にいっても模範的な扱いだ。彼らもそれはよく理解している。日本人に定住してもらい、倫理や秩序を植えつけてもらいたい。本気でそのように考えている現地の人々は多い。そして、サービスへの要求が高い日本のシニアが住む場所はビジネスとして付加価値になる。マレーシアやタイ、そしてこれからはベトナムも日本人の第二のマイホームの地として人気となるだろう。マレーシアについては、ロングステイで現地での生活を謳歌され、日本にもその快適さを啓蒙する方々も多い。『マレーシアに定住でご褒美人生　体験者１５０の証言』という書籍を２０１０年にカナリアで発刊した。マレーシアで定住するシニアの方々の実態をまとめている。現地の施設も顧客を選べるのであれば、日本人に住んでもらいたいと切望している。理由は前出のとおりであり、何よりも日本人をリスペクトしているからだろう。

世界は日本のシニアを待っている。その期待に少しでも応えられるよう、シニアの積極果敢な行動力に期待したい。そして、シニアが海外で活躍できるしくみやシステムを私たちも構築していきたいと考えている。

『もったいない』を日本は取り戻すべし

日本に「もったいない文化」はなくなってしまったのだろうか？　私はいま53歳だ。私は子供の頃、農家で生まれ育ったこともあり、『もったいない』が当たり前であった。日常生活で新品に出会うことなどほとんどなかった。ご飯を食べていても、米粒ひとつ残したら親父にたたかれた。また、土間に落ちたものでも食べさせられた。「お百姓さんに感謝しなさい」と躾けられた。次男坊であったこともあるが、服はほぼおさがりだ。兄貴も親戚からのおさがりだった。つまり、私は〝おさがりのおさがり〟であった。だから、『もったいない』は当たり前すぎて文化だとは思っていなかった。

その子供の頃の体験から、私は創業時にベビー服やベビー用品中心のリサイクルビジネス「おさがりの会」をスタートさせた。

最近、海外にいると『もったいない』に気づかされる機会が多い。東南アジアなどの日本より貧しい国によく出向くため、当たり前と言えば当たり前なのだが、子供の頃を思い出すことが多い。今の日本は豊かになった。しかし、その結果、どうも『もったいない』の精神を忘れてしまったようだ。「この『もったいない』は日本の文化なんていうのは嘘っぱちでは?」そんな風にも思えるのである。

今の日本の一般的な生活の場で、『もったいない』を感じられる場面は、ほとんど見当たらない。電化製品、食べ物、洋服、次から次へと新品を買い漁る。そして、まだ使える、着ることができるのに捨ててしまう。リサイクルやリユースを意識している人もいるが、まだまだ少数派だろう。企業からすると、次から次へと新品、新機能をいかに買わせるかが勝負だ。その結果、中古品という名の不要品（使えるのに不要になったもの）が山のように氾濫するわけである。

最近では、ミャンマーなどの国で、日本の中古車が主役になっていたりする。こういう国に滞在していると、日本もそろそろ次から次へと消費させるだけのビジネスモデルの変革が必要だと痛感する。

最近、世界に広がりつつあるビジネスの考え方に、ジュガード・イノベーション（Jugaad Innovation）がある。ネットで検索すると、Jugaadはヒンディー語で「革新的な問題解決の方法：創造力や知恵から生まれた即席の解決方法」とあり、主に資源などの制約がある中で、何とか知恵を絞って問題解決する精神のことを指す。インドのタタ・モーターズが世に送り出した世界でもっとも安価な自動車といわれる「nano」が代表例として挙げられる。英語では、フルーガル・イノベーション（Frugal Innovation）と読み替えられる。直訳は〝質素なイノベーション〟。「余計な飾りを取り除き、本質的な機能そのものに立ち返ること」とある。日本では、ケンブリッジ大学フェローのナヴィ・ラジュらの著作である『イノベーションは新興国に学べ！　―カネをかけず、シンプルであるほど増大する破壊力』（２０１３年８月・日本経済新聞出版社）という書籍で紹介されたことがきっかけで知られるようになったもので、まだ新しい用語であると考えられる。

このジュガード・イノベーションという言葉に触れて改めて感じたことがある。日本という国の生い立ちを考えたときに、「もったいない文化」の、倹約や質素という本質的なことと、ジュガード・イノベーションは共通しているという点だ。日本は「もったいない文化」を思い出してほしい。その考え方をビジネスに活用すると、世界マーケットのさまざまな分野で貢献し、改めてリスペクトされる存在になるのではと思う。

私は、「もったいない文化」を再び日本に思い出させ、浸透させ、新しくアジアに広めていくのは、シニア世代だと考えている。新しいモノ、新しいコトばかりではなく、かつてのものを再利用したり、シンプルな機能で考えたりしてみる。その発想は今の若者には「新しい気づき」かもしれないが、シニア世代には当たり前のことばかりなのだ。子供の頃の私がおさがりを当たり前に思っていたように。今こそ、日本のシニアから『もったいない』を発信していくことができれば、日本もアジアも新しい変化の道筋をたどれるはずだ。

自分たちが、楽しくシニアライフを過ごすための環境を作る責任

今のシニアとこれからのシニア、つまりシニア予備軍の私たちの役割もとても重要だと感じている。これからの30年が日本の未来を決めると思っている。日本が世界の手本となれるかどうか。分岐点になるだろう。

私が会社に入った頃は「人生において40年間働く」と教えられた。つまり、およそ60歳前後まで働くという常識の上で社会人生活をスタートさせた。ところが今はどうだろう？定年は60歳ではなく『60年間働く』時代が到来している。マラソンで例えるならば、社会人生活のスタート時のゴールは40年後の定年だった。それが走っている間に、あれよあれよという間にゴールが先に延びていく。「こんなはずじゃなかった」と思う人がいても当然だ。世の中がそれだけ大きく動いているのだ。

学生時代に遊びほうけていた私のような人間でも、おかげさまで20代は働きながら色々と勉強させてもらった。当時の上司が聞けば、「給料もらいながら勉強していたとはなにごとだ！」と怒るだろうがそれが現実である。少なからず会社にも貢献したとは思っているが、やはり給料をもらいながら社会勉強していたような20代だった。一方、大企業の社

員は入社した時点で人生設計がほぼ完成したように思っただろう。そう思ってよい時代でもあった。定年前は重要な役割から外れ、報酬も下がるだろう。しかし、ちゃんと退職金がある。そして年金生活もはじまる。60歳以降の老後生活をおおよその人が描くことのできた時代だ。ところが、社会は大きく変わった。会社に長年尽くしてきたと思ったら、終身雇用制が崩壊し、リストラの恐怖が迫ってくる。ようやく定年と思いきや、まだ10年、20年働けと世間は喧しい。挙句の果てに年金支給時期も気づけば後に倒れていく。

仕事上、大企業の同年代とも接点が多いが、自信満々なビジネスパーソンでありながら、どこか目の奥に不安を抱えているように感じてしまう。私の勝手な思い込みだろうか。仮に50歳前後を折り返し点と見た場合、ちょうどまだ半分の人生がそこからスタートする。ならば、そのようなタイミングを契機に新人の頃に戻ったつもりで社会勉強をやり直すのも一考である。

私も本書を執筆しながら数多くのことを学んだ。シニアの健康、金銭、未来、孤独、介護、保険、ＩＣＴの可能性…など。数えあげたらきりがないほどだ。日本人が自分ごととしてもっと知るべきタイミングにきていると思う。

これからは自分たちが過ごす快適な環境は自分たちで創る意志が求められる。つまり、

シニアライフを楽しく生きるための準備

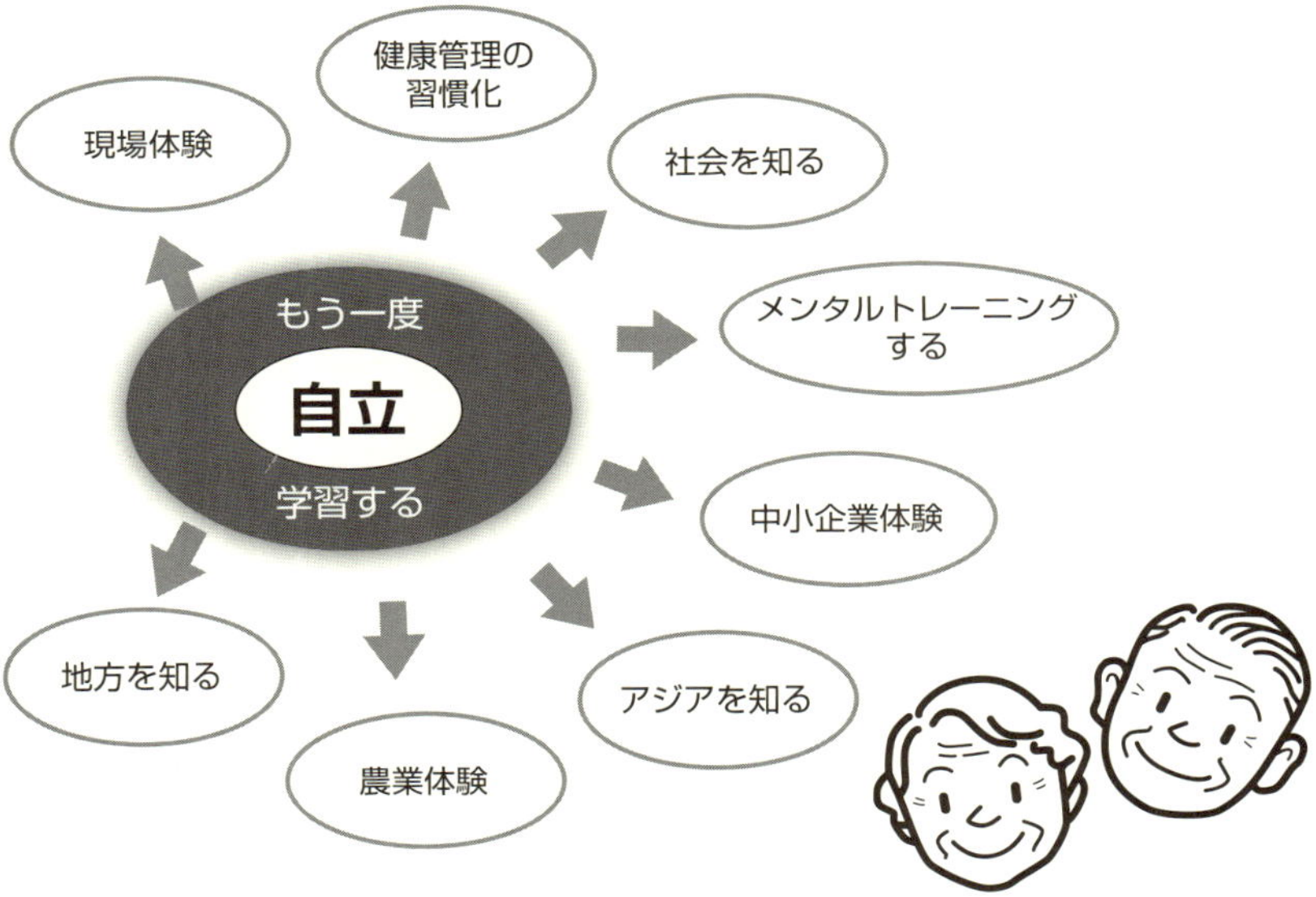

自立の精神である。ある人は起業してマーケットを創造する。ある人は、子供たちに過去の日本を教える。ある人は東南アジアに移住して、そこで現地の発展に貢献する。ある人は、過疎地で地域活性化の主役になる。もともとシニアの世界は多様であり、さまざまな門戸が開かれている。だから自立した考え方が大切だ。元気で楽しいシニアライフを私たち自らが構築していく責任がある。それが、自分の世代に求められていると痛感する。

当社はシニアライフナビゲー

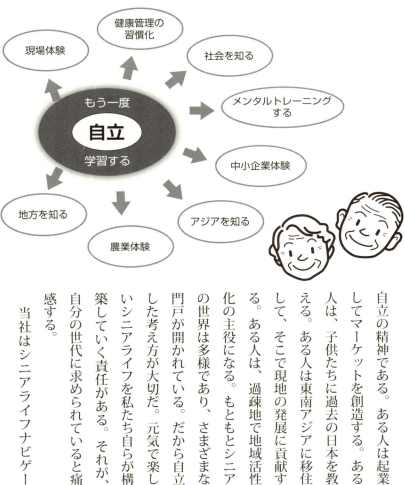

ターとしてプラットフォーム「共創の匠」づくりに着手している。シニアに元気に活躍していただいて、私たちが続き、そして子供たちがそれに続く。このようなスパイラルを社会に生み出していきたい。

介護の問題は国の課題ではあるが自分の事として考えることが重要

今年の3月にベトナムでシニアビジネスをテーマにしたセミナーを開催した。その際に前出したシニア予備軍同年で、シニアビジネスの第一人者である村田さんに講師をお願いした。団塊・シニアビジネス・高齢社会研究の専門家である村田さんの専門書は、経営者としても大変勉強になり、本書執筆においてももう一度読み返した。

ベトナムでの講演後の打ち上げで、当社が運営するＥＮＩＳＨＩレストランで親交を深めた。そのときの一言は大変身に染みた。「自分のことは自分でする。看取られ方を今から考えておく必要がある時代ですよ」と。村田さんからは他にも色々なことを教えてもらった。

介護を担う立場としては私も少しは心の準備はできている。今の私の年齢は、ちょうど親の面倒を見ることで苦労が多い年代だ。特に今、介護を担っている人の苦労ははかり知れない。しかし、私たちの世代は自分が介護を受ける立場になったときにどうするかも考えておくことが大事だ。最近、身近でピンピンコロリが話題によくでるが、理想どおりにはいきそうもない。データによると、これに当てはまるケースは３％〜４％だそうだ。仮に自分が要介護者にならなくても、同世代の周りに対して何をするか？　村田さんとの会話以来、真剣に考えるようになった。

　アジアも老いが近づいていることはすでに書いた。将来アジアでもシニアビジネスも少しずつ、はじまっていくだろう。日本の介護サービスは今の段階からアジアに求められている。コラムでもご紹介した、アジ

『ベトナムの風に吹かれて』のポスター

アビジネス探索者である増田さんのセミナーで、同じパネラーとして知り合った株式会社湘南シニア総研の社長、中澤司さんは東南アジアにおいて、日本式の介護を支援されている。

すでにシニアの海外ロングステイが注目されるマレーシアで、日本式の介護施設を支援し、現在はベトナムにおいて支援を広げている。ベトナムでは、日本語の習得と日本式の介護を学ぶ講座を病院と連携して開設。病院内に介護付き住宅を建設予定だと言う。ベトナムは日本の戦後とよく似た人口ピラミッドを描いている。将来的に日本と同じくシニア層が増えていく。その際に注目されているのが、世界でもレベルの高い日本式の介護だ。またリゾート地には、介護付きリゾート施設を計画されるなど積極的に日本式のシニアビジネスを展開されている。

中澤さんは介護問題の専門家でもあるが、日本は介護人材を東南アジアから受け入れるために取り組んでいるが、これに対し警鐘を鳴らされている。研修制度で海外から人材を受け入れても、現在の制度では5年間で帰国をしなければいけない。そしてせっかく日本で習得した技術を活かせる場が、自国に戻ったとしてもないのである。日本が一時的な人材不足の対策として進めるだけでなく、日本式の介護サービスをアジアに広げる取り組みが拡大することを期待している。少なくともアジア現地は望んでいることは間違いないのだから。

そのことを実感させられる映画がある。2015年10月に公開になった松坂慶子さん主演『ベトナムの風に吹かれて』だ。当社もご縁があり制作委員会に参加している。ベトナムで日本語教師として働く日本女性・小松みゆきさんが地元新潟で認知症を発症した母を、ベトナムに連れてきた暮らしをつづった書籍が映画化されたものだ。この映画を見ても、日本の介護分野がアジアに貢献できる可能性を感じる。

産官学の取り組みへの期待感

第7章では、日本のシニアが世界を牽引することを示してきた。これまで述べてきたように日本は世界でシニアマーケットの最前線を走っているトップランナーである。第2章でも述べたようにアジアでも高齢化は進んでおり、世界的に見ても主な先進国では高齢化の波は押し寄せているものの、他国と比較しても日本の高齢化は深刻な状況である。こうした高齢化を悲観的にとらえることは簡単だが、ポジティブに考えることも可能である。本書で何回も述べてきたように、高齢化が進むにつれ、シニアの絶対数は増加する。

電通の2012年のアンケート調査「退職リアルライフ調査〜団塊ファーストランナーの65歳からの暮らし」では、定年後の働き方として、半数以上がフルタイムで働きたいという結果があり、シニアの就労意欲は非常に高いと言える。それゆえに、日本の高齢社会、これからの超高齢社会に向けて、新しいコミュニティ構想が必要となる。新しいコミュニティ構想とは、シニアと社会を結ぶために医療・福祉、市町村などの自治体、大学との連携、地縁などを含めた共存社会である。そのためには、産官学の連携が必要不可欠であるといえる。ここでは、高齢化の課題先進国である日本のシニアへのアプローチを産官学がどのように取り組んでいるのか株式会社ニッセイ基礎研究所の前田展弘さんとのお話を中心に進めていきたい。

前田さんのご紹介をさせていただく。前田さんは株式会社ニッセイ基礎研究所でジェロントロジー（老年学または加齢学）において高齢化の課題解決を目指した研究をされている。また、東京大学高齢社会総合研究機構（IOG）にも籍を置くなか、超高齢社会に向かう日本人一人ひとりが、人生90〜100年におよぶ長寿をよりよく生きていける、加齢に価値と喜びを感じられる社会づくりに向けた活動を展開されている。前田さんの取り組む事業の中で、非常に興味深いものがあったのでご紹介する。

長寿のまちづくりプロジェクトの一環として、千葉県柏市では、2009年からＩＯＧと柏市役所とＵＲ都市機構がタッグを組んで柏市豊四季台地域高齢社会総合研究会を発足し、地方包括ケアシステムの構築・歩いて暮らせる住空間の環境整備・生きがい就労事業の創設の3つの取り組みを事業として行っている。生きがい就労事業に関しては、新しいセカンドライフの形として、休耕地を利用した都市型農業事業や団地敷地内を利用したミニ野菜工場事業、コミュニティ食堂、保育・子育て支援事業などにおいて独自の活動により、2012〜2013年の2年間で250名の高齢者雇用を実現している。この取り組みにより、高齢者の社会的孤立・健康問題の改善や、労働力・消費の拡大などによる地域経済の活発化につながり、若い世代にも希望を提供する形になっている。前田さんによると、70歳、80歳になっても年齢にかかわらず社会の中で生きがいをもって活躍し続けられる社会（生涯現役社会）に移行することが必要と述べている。

このように、シニア分野での産官学の連携はこれから一層進んでいくことが期待できる。地域社会全体で高齢者を支え、新しい活気あるコミュニティを形成するときが来ている。

最後に前田さんとのお話の中で、私自身非常に興味を持った話題があった。それは、「高齢社会検定」である。詳しくはウェブサイト見ていただきたいが、前田さんが主要メンバーとなって立ち上げた検定試験である。現代社会に不可欠な3大スキルとして、英語・ＩＣＴ・高齢社会を挙げ、個人の人生設計課題、社会の高齢化課題を解決し、より豊かな未来を築くために必要な知識を問う検定試験である。実施回数は２０１５年時点で３回行われており、これから徐々に認知され、広まっていくであろう。高齢社会を知ることはこれからますます重要になることは必然である。産官学が連携してさまざまな事業を創造し、これからの高齢社会をよりよくしていくことに一人ひとりが気づき、アクティブに行動することも大切である。

福祉先進国に学ぶこと

日本の福祉制度は他国と比較してどのようなものか相対的に考えてみる。まず、エスピン・アンデルセンによると福祉国家は３つのタイプに大きく分けられている。アメリカを代表とする個人や家庭の役割が大きく、政府は最低限の福祉を保障する自由主義レジーム、スウェーデンを代表とする高福祉高負担で階級間、男女間の平等主義を追求する社会民主主義レジーム、ドイツを代表とする家族や職域の役割が大きい保守主義レジームにわかれている。この中で、福祉先進国とはどこかと聞かれると、パッと出てくるのは、社会民主主義レジームのスウェーデンやデンマーク、ノルウェーなどだろう。では、なぜ、スウェーデンなどの国々が福祉先進国と思われているのだろうか。

2015年9月27日の週刊現代の記事では、スウェーデンでは、寝たきりになる人がほとんどおらず、いたとしても終末期ケアが行われる数日から数週間の短期間だけらしい。そして、驚くべきことに、スウェーデンでは、自立した強い個人が尊ばれる伝統があるため、高齢者でも子供と一緒に暮らすことはせず（子供と暮らしている67歳以上の高齢者の率は4％である）、近くに住んで頻繁に交流するケースが多いらしい。なるほど、これなら、親が子を、子が親をストレスに思う機会も少なく、日本のような嫁姑問題なども起きないだろう。体調を崩した場合は、「コミューン」と呼ばれる市町村にある自治体がサービスを提供するという形になっている。

第5章でも述べたが「自立」という言葉は、未成年を含めた若者だけに使われる言葉ではなく、高齢者にも使われる言葉である。スウェーデンをはじめとした北欧諸国では、自分の口で食事をできなくなった高齢者は、徹底的に嚥下（えんげ）訓練が行われる。介護士の負担軽減や施設の経営コスト、高齢者の自立を考えると素晴らしいことである。

ところで、嘘下と言えば、私の悪友のガブルス・ジャパン株式会社の社長、竹内佳章さんが感心するビジネスをしているので少し紹介する。SMCC株式会社グループのデリカムというブランドで、嘘下、咀嚼が困難な人向けに、高級おせち料理の宅配ビジネスをしている。これぞ日本のきめ細かい食ビジネスの一つだと思う。

話を戻すと、スウェーデンでは、相続税は、富裕層が海外に逃げないように撤廃されており、医療を中心とした財源の確保が優先順位の高いものと国民は合理的に考えている。ここまでの話からスウェーデンに移住・定住・永住したくなってくるのではないだろうか。しかし、この社会民主主義レジームにも問題点はある。福祉サービスを支えるための財源確保として、国民負担率（国民の所得全体に対する社会保障と税金の割合）は、日本が43・4％に対してスウェーデンは58・9％である。また、消費税は25％と日本の3倍以上である（軽減税率も導入されてはいる）。そのため、貯蓄が厳しく、リタイア後の高齢者の生活は、高齢化が進み、年金制度が危ない状況で一層苦しくなっている。また、医療費が安い分、自立した高齢者の長蛇の列が続き、診断までに数日かかることもあると言う。

このように、福祉先進国として名高い、社会民主主義レジームの代表国であるスウェーデンでさえも高齢化の波に飲み込まれようとしており、国家の危機が差し迫っている状況なのである。

それでは、日本はこのような国々と比較してどの位置に属しているのだろうか。エスピン・アンデルセンによると、現状の日本の福祉制度は自由主義レジームと保守主義レジームの間に位置しており、社会保障や年金制度などの課題が多い国であると述べている。

しかし、世界の高齢者の生活環境を調査している国際団体「ヘルプエイジ・インターナショナル」の2015年の調査によると、日本は高齢者が暮らしやすい国8位（アジア1位）であり、同団体は日本が世界の中でもっとも健康的な国の一つであると述べている。

この順位は、スウェーデン（同ランキング3位）やノルウェー（同ランキング2位）に劣るものの、高齢化率を見ると、2014年の日本は26％、スウェーデンは19・7％、ノルウェーは16・1％と高齢者の絶対数も割合も一番大きいのは日本である。これを考えると、日本の福祉制度は、多くの高齢者にとっては非常に

高齢者が暮らしやすい国の2015年版ランキング

1位	スイス
2位	ノルウェー
3位	スウェーデン
4位	ドイツ
5位	カナダ
6位	オランダ
7位	アイスランド
8位	日本
9位	アメリカ
10位	イギリス

参考：ヘルプエイジ・インターナショナルより作成

有意義な制度なのかもしれない。

先ほども述べたように、これからは産官学の連携に一層の期待が高まり、アクティブなシニアを筆頭とした高齢者が地域のコミュニティを新しく形成する起爆剤となる。そこから、若い世代を含めて日本全体を活性化させていくことができると考えている。そうした中で、日本独自のコミュニティ形成と目指すべき福祉国家が見えてくるのではないかと考えている。ＱＯＬ（クオリティ・オブ・ライフ）という言葉がある。ＱＯＬとは、簡潔に言えば生活の質のことである。ＱＯＬを高めるそうした取り組みを日本国民・政府がチャレンジしていくことで、「北欧の楽園、スウェーデン」ならぬ、「アジアの楽園、日本」と呼ばれる日もそう遠くないはずである。

21世紀は地球を守るビジネスの時代

経済的成長を目指して欧米に追いつけ追い越せとまい進してきた結果、先進国として多くの課題を抱えた国の代表が日本だ。いまの日本の若者、アジアの人たちが知らないこと。それは、日本は失敗体験だらけの国で、かつての失敗を経験にいまなお改善途上にある国とも言える。公害もその一つ。例えば日本の工業地帯付近の街はかつて光化学スモッグに覆われ、かすんでいた。工業用の排水で海や川は汚れていた。公害だけではない。農薬や化学肥料にしても、改善の積み重ねでいまの「安心・安全な生産物」がある。子供の頃には農作業をよく手伝わされたが、私の父は絶対に農薬のそばには近づけなかった。「農薬のそばに行くな、死ぬぞ」と怒られた。農家の人は自家用に畑を持っているところが多いが、家族が食べるものは虫が食っても農薬は使わないで作る。アジアで農業視察に行き、生産者と話をすると、どこも同じく農薬は使わないと言う。

日本を『ものづくり』精神の国と言うが、それは同時に便利にするだけではなく、生産過程での課題を解決してきた技術ともいえる。命にかかわるような課題が実際に多くあったのだ。

日本人はいまの日本を先進的な『なんでもできる』国のようにとらえて、発展途上国を援助したり、教えたりすることが主だと思っているが、そうではない。日本は多くの失敗をしてきたからこそ、ほかの国が同じ道を歩まないよう少し先輩としてアドバイスするだけのことなのだ。

経済が発展し、バブル期になると、古いものを直して使う文化は消えた。衣服に穴があいたら繕っていたが、いまは新しいものを買って入れ替えるのが当たり前だろう。車もまだまだ走れる状態でも新車を買うようにディーラーは熱心に案内する。携帯電話、ゴルフクラブなど、人がお金を出すところには、新機種、新商品が次々に投入されていく。後戻りできないビジネスモデルのようにも思えてならない。だが人口が増えない国となり、海辺や山には大きな産業廃棄物処理場がそこら中にできた。これからはモノより体験を売る時代とも言うが、サービスをする人が減りはじめた。本当にこれからするべきは新しい商品を作ることだけではないということにも、片方で気づきはじめている人たちがいる。日本では完全に経済が縮小することがわかっているのに、無理していることが多すぎるのだ。はたしてこれは誇れるべき先進国の姿なのか。

実は私がアジアで農業を、と真剣に考えるきっかけになったのはひとりのベトナム人経営者との出会いがあったからだ。自然の力を最大に活用したリゾート開発事業会社のオーナーのグエン・チャン・カンさん（67歳）だ。ある日カンさんが「地球の脅威は何か」と聞き、私が「戦争ですよね」と答えると、「それは中国人の胃袋だよ」と言う。この話は今でも印象深い。カンさんは元軍人で、リゾート開発と同時に生態系を崩さない農場「グリーンアイファーム」を経営していた。ベトナム人経営者は日本人よりずっとグローバルな先進的な目線で事業を考えているし、農業に真剣に向き合っている人が多い。農業をしたいから日本の力を貸してくれとベトナム人経営者から何人も頼まれるのだ。自国で自国民が食べていくものを作ることを長い目で考えている経営者がカンさんを代表に多くいる。ベトナムでの出会いで私は深く考えさせられた。これからの本当のビジネスの発展とは何なのか、ハッとするものがあった。

農業こそ、アジアの主要産業であるとアジアの経営者は考え、発展させようとしている。アジアでは人口増加による食糧確保や安心安全を求めて、農業でこそ日本を待っている。生きること、食べていくことが第一優先のアジアの発想はシンプルで、地球と人間の在り方を示しているように思う。日本の農業は、先行きは明るくないが、アジアとつながることで大きな未来が開けると私は考えている。

自然を破壊したり、生活環境を悪化させたりする経済活動にはもう限界が来ている。農業や第一次産業を発展させていく道がメインだ。そのうえでＩＣＴやバイオテクノロジーなどの新しい技術を開発・導入、新たに組み合わせて工夫してみる。ローコストでできるリサイクル方法や多用途への転換を新たに考えたりしてビジネス化することも当然必要だ。モノを作るだけでなく、使えるものは最後まで使い切り、その後始末もしようということだ。もちろんシニアだけでなく、若い人たちとの発想の融合もある。技術の進化や新しい発想が、環境改善につながる好例が次々と生み出されている。

その中心の思いは『環境を守る、日本を守る、地球を守る』である。

会宝産業株式会社の創業者、近藤典彦会長もそんなビジネスの実践者のおひとりだ。自動車部品取引では業界最大手、石川県金沢市のリサイクル部品販売の会社。小さな町工場から、いまでは世界80カ国と取引、独自の取り組みで自動車解体業の業態を転換させた。『地球上を走る11億台の車を無駄無く再利用できるビジネスモデルを構築する』ことを目指されており、日本の技術を世界に広める活動もされ、「静脈産業」と名付けられている。会宝産業の近藤さんのように、日本が失敗体験から学んだ技術、ノウハウを惜しみなく共有して、ビジネスを発展させることがより重要になるだろう。そして、その中心がシニアになることは間違いがない。

アジアやアフリカの発展途上国がなにも日本と同じごみの山に囲まれることもない。日本の子供たちに残す国はきれいな安心な国であってほしい。この思いは万国共通のはずだ。日本が地球を守るビジネスの代表選手となり、シニアがリードする国であるよう、私も実践者であり続けたいと考えている。

団塊の世代が77歳になる頃には

高齢化が進むにつれ、なにかと話題になる団塊の世代。第一次ベビーブーム世代とも呼ばれている。私の世代から見ると団塊の世代といえば、堺屋太一氏などがすぐに思い浮かぶ。一般的には団塊の世代とは1947年（昭和22年度）から1949年（昭和24年度）に生まれた人々のことを指し、約700万人が該当する。この団塊世代が職場から引退していくとされた2007年問題が騒がれたが、60歳の定年延長措置をとる企業も多かったため大きな問題に発展しなかった。2015年の今年は団塊の世代は65歳を超え、高齢者の仲間入りを果たしている。10年後は75歳を迎える。そのときは後期高齢者となり、健康面や介護などのリスクが高まると言う。一方では、その頃の平均寿命は90歳を超えているとも囁かれている。77歳を超えてからが定年で本当の余生となる時代だ。

この本のタイトルに『77歳』をつけた理由はプロローグで述べた。とはいえ、正直77歳の自分はさすがに想像するのは難しい。53歳の私は24年後に77歳を迎える。ちょうど本書の最終確認をしている際に、仕事で徳島県那賀町木頭地区（旧木頭村）を訪問した。徳島県は高齢化の課題先進県だ。その中でもこのエリアは、超超高齢化の地区である。徳島県出身でありながら初めての訪問だった。地域密着で地元の名産品であるゆずの加工品の製造販売をしている株式会社きとうむらの中川公輝さんに会うためだ。

中川さんは私と同年齢である。20代の頃にJICAのスタッフとしてアフリカに赴任、40代にはスリランカにも赴任していた経験を持つ。当社は株式会社きとうむらと組んでテレワークの実証実験を始めることになった。当社側の現地スタッフとして活躍いただくのが玄番隆行さんだ。玄番さんも私と同年齢、17年前に大阪からこの村に移り住んだ方である。

そんなメンバーでまたまた「波平」と木頭のシニアの話で盛り上がった。

「77歳のシニアからすると私たちは赤ちゃんですよね」と玄番さんは木頭での生活を振り返りながら話す。確かに、50歳過ぎぐらいでもまだまだ赤ちゃんと思えば、いくらでも好奇心旺盛でいられるし、さらなる成長もできるだろう。玄番さんの話す山村留学に来る子供たちの様子も興味深い。村のシニアが元気に何でも自分でこなす姿を見て、都会から来た子供たちが目を丸くして驚くと言う。田舎のシニアはとにかく元気だ。過疎が進む地域に来て改めてわかった。都会よりも田舎のシニアのほうがずっとパワーがあるし、元気一杯なのだ。

田舎のシニアは元気だと紹介したが、都会のシニアも負けていない。京都にも76歳のプロデューサー兼デザイナーである冨田敏夫さんが第一線で活躍している。冨田さんは、オールドファンならばご存知の方も多い「Ａｄａｍ＆Ｅｖｅ」で時代の寵児となった方だ。１９７０年代に陶磁器の世界に革命を起こし、日本人のライフスタイルに新たな風を送り込んだ冨田さん。今でもその名は日本はおろか、世界にも轟いている。私が初めてお会いしたのは3年ほど前のこと。ベトナム事業の関係でお話をさせていただいた。そんな冨田さんが、昨年、新たに「仁秀」ブランドを大ヒットさせた。本当にすごい。一体、そんなパワーがどこに秘められているのか。お会いした際に1冊の本をいただいた。１９８１年にプレジデント社から発刊された書籍だ。『ガッツとオリジナリティがあれば道は開けるさ。』というタイトルを見て、冨田さんが伝えたいことが創業者の私には痛いほど理解できた。今の日本に求められているものがこのタイトルに凝縮されているように感じた。だからこそ、当社の幹部にもこの本を読ませた。もちろん、日本全国の経営者に読んでもらいたい。冨田さんのフロンティア精神はこれからの日本が進むべき道標となるはずだ。

さて、本書ではさまざまなアクティブシニアを紹介してきた。本書の筆を置く前に改めて提唱したいことがある。団塊の世代が77歳になる約10年後、私が77歳になる24年後に向

団塊の世代が77歳になる頃には

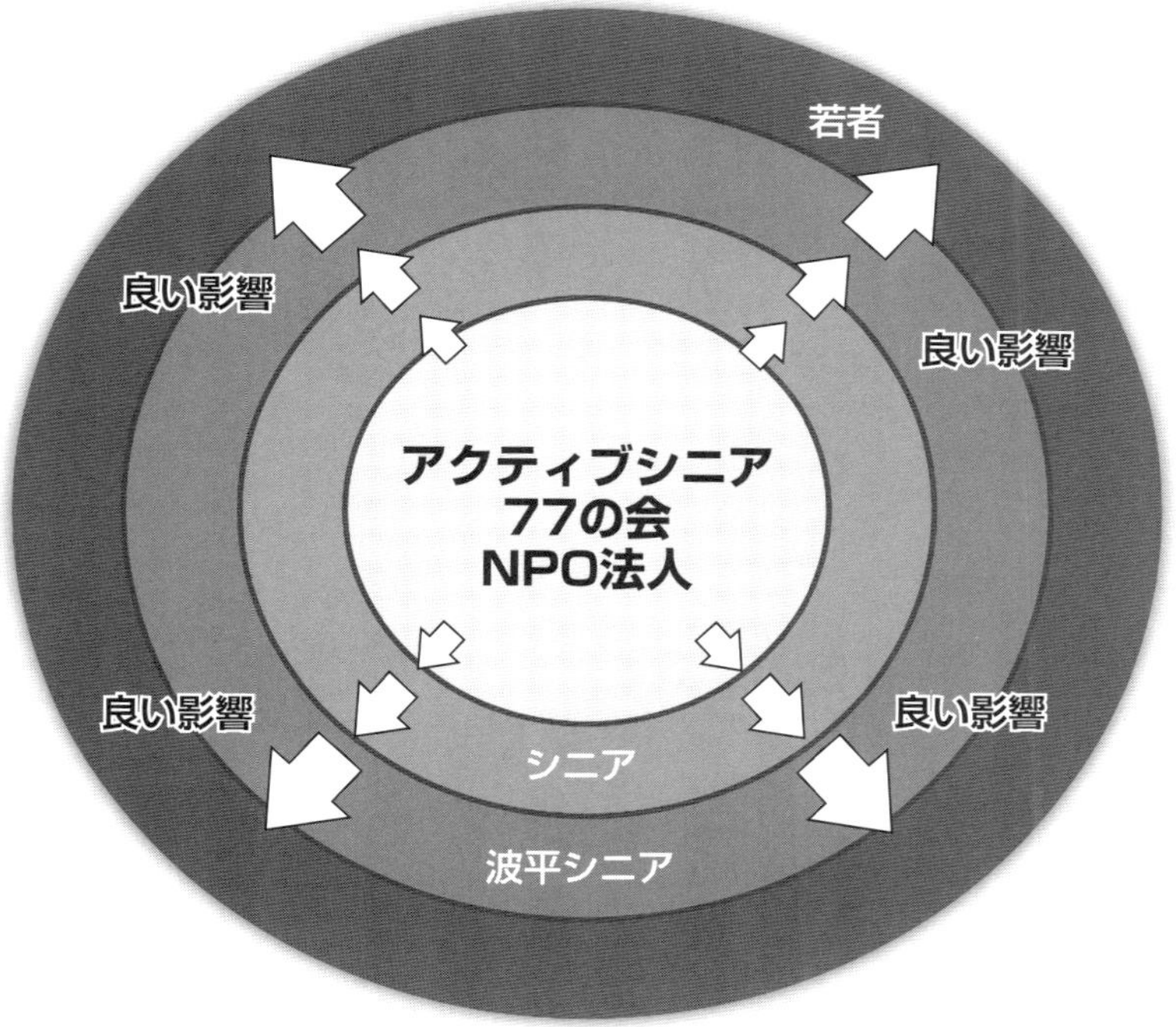

けて、今のシニアやシニア予備軍が一丸となって時代を創っていくことが一番重要だと思っている。シニア予備軍はもちろん私の世代でもある。だからこそ、10〜20年後には本当にICTが人間の生活に役に立っているかどうかも気になる。この分野でも当社は少しでも貢献できればと考えている。そして、本書の発刊に併せてさま

ざまな活動をスタートさせていきたい。まずは77歳以上のアクティブシニアを紹介する本をつくりたいと考えている。ウェブで掲載希望者を募集し、日本全国の77歳以上のシニアの方々を集結させたい。本書で登場いただいた田村さんとは輝くアクティブシニアを目指すためのメディアを創りあげたい。そして、ＮＰＯ法人を設立し、このような活動を側面支援していきたい。ありがたいことに、これらの取り組みにはすでに多くの方々の賛同をいただいている。いや、これ以外にもアイディアはたくさんある。ひとつひとつ実現していきたい。

シニアによるシニアのための活動を支援するべく、機会創出のお手伝いをしていきたい。当社の役割はそこにあると確信している。全国のシニアの方々と未来について語り合い、夢を実現していければ嬉しい限りである。

そして、２０１６年の七夕の日には77歳のシニアの方々を集めたイベントを計画している。毎年恒例のイベントにしていきたいと思っている。

シニア自身が考えてシニア自身のために、色々と活動できるきっかけづくりに当面は専念していきたい。

あとがき

ようやく、あとがきの筆をとるところまでたどりついた。これが現在の率直な心境だ。ここまで本当に長かった。直感で創業時に立ち上げた「シニアジョブネット構想」から起算すれば、およそ20年の時が経過している。ここ数年はアジアでシニアの活用を進めるために何かできないかと考え、小さなチャレンジを繰り返してきた。とはいえ、ここまで時間をかけてシニアビジネスを推進することにどんな意味があるのだろうか。正直、葛藤の連続でもあった。しかし、本書の制作を進めながらさまざま方々と話を交わしていくうちにおぼろげながらの想いは確信に変わった。これからの日本はシニアが主役であるべきであり、シニアとの機会創出の場をつくることが使命であることを再認識できた。創業以来、さまざまな意見や指摘をいただきながら想いを実現するための活動のあらゆる場面が脳裏に蘇る。本書を通して、自分自身が「間違っていなかった」と確信を抱くことができた。

その上で本文では盛り込めなかった点もいくつかここで述べておきたい。ひとつは、今の若者に対してである。シニアの方々と話をしているとどうしても、現代の日本の若者の心配が尽きない。逆境に弱いことと、それを克服する耐久力に欠けた若者がいかにも多い。

アジアにシニアが適していると本書では述べたが、それは日本の昔が今のアジアであるからだ。そして、シニアは不衛生な環境でも生活していく力がある。私はよく日本でも東南アジアでも、さまざまな人に「ごはんにハエがとまってても食べられますか？」と質問を投げかけている。アジアでは当たり前のように「食べる」と答えるし、日本のシニアも一様に昔の日本がそうであったように普通のことと捉えている。しかし、今の若者や子供たちなどは「信じられない」という表情を見せる。では、日本の田舎はどうだろうか？　日本の田舎でもさすがにご飯にハエがとまる環境は少なくなったが、虫などはたくさんいるだろう。虫だらけの田舎を敬遠する子供が実に増えている。シニアは地方とアジアに強い。子供たちはアジアと地方に弱い。このままでは、日本人がアジアでも地方でも活動ができなくなるのではないか。アジアと日本の各地をまわる際に常にそのことが頭の中にあった。

また、人生において羅針盤となる人の存在がとても重要であることも本書の制作中に改めて実感できた。私が社会に入った頃から尊敬している先輩の榎原修治さんとも先日再会した。私の人生の羅針盤といえる方だ。10年前にお会いした際の榎原さんの一言が今でも忘れられない。「俺はもう少し残業するから」。現在、榎原さんは65歳になられた。次は何をされるのか。榎原さんならまたこう言うに違いない。「俺はまだ残業するから」。そんな榎原さんの背中を見て走ってきた私も、いつか誰かの羅針盤たる人間に成長したい。

別の意味の羅針盤もある。私の年齢になると、自分が体験できないことをしている人と付き合うことはとても貴重だ。人生は一度きり、友人の人生を身近で共有できることはありがたい。株式会社ＴＯＭＯＥの伊藤彰さんもそんな友人の一人だ。先日、波平の話をしていた時に、「私は定年を経験したかったんです」と言う。10年以上前から広告関係でお付き合いがあり、無責任にも伊藤さんに脱サラの起業を勧めていた私には、驚きの一言であった。意志をもって定年を経験する。これも得難い経験であろう。

地方活性化の問題も課題が山積している。シニアは田舎暮らしが一番性に合うことをわかっていても都会に住みたがる。「不便だから」「まわりに人がいなくなった」「子供が都会暮らしだから」など理由はさまざま。しかし、都会は便利だが疲れるだろう。田舎のような人間関係を構築するのも難しい。独居老人が部屋で亡くなっていることが数ヶ月経ってようやく発見されたというニュースが先日流れていた。田舎ではこんなことはふつうは、起こらないだろう。

地方の活性化の本質は人間が自然体でその土地で生活できることにあると思っている。シニアであれば、自然と共に農業も身近な存在として暮らしていくこともできる。そんな人間として当たり前の生活をシニアが実践されている様子を見れば、若者も後に続くのではないか。地方が元気になるということはそういうことだと考えている。都会の社会インフラはこれ以上ない程、高機能化が進んでいる。もうこれで十分ではないか。これからは地方、つまり田舎の社会インフラについて考えなければならない時代を迎えていると思う。なにも道路をつくれば良いというものではない。そのためにも本書でも述べているＩＣＴを今以上に上手に活用する土壌をつくっていかなければならない。

本書の制作にあたっては、本当にたくさんの文献、書籍、研究書、提言などを読み漁った。この高齢化社会をいかに捉え、変革を起こそうとしている人たちが数多くいることも知った。そんな提言や研究はこれからも盛んになるだろう。でも、やはり主役はシニアだ。自らが動き、変化を起こすことがなによりも大切なことであろう。

私自身や同世代の人々も十数年後はシニアの仲間入りだ。作家の五木寛之氏の『嫌老社会を超えて』を読んだが、疑念と驚き、そして納得の連続だった。「老人がそこまで嫌われている社会なのか？」と首を捻りながら読み進めていたが、老人の自立を提唱する内容で帰結しており、思わず膝をたたいた。自分たちの未来は自分たちでつくるしかない。自分が未来を楽しみたいならば、自らが主役であるしくみと機会を創りだす。私もこの活動を生涯通じてのライフワークにしたいと考えている。日本が世界に先駆けて、シニアが主役の幸せな国になればよいと願っている。アジアに大学を創るのも私の目標なのだが、日本のシニアが教え、世界の若者が学ぶ。そんなシーンを思い描くと楽しくて仕方がない。すべての人々が一様に動き出す必要がない。誰かが牽引し、一方でのんびりと余生を過ごす人生もひとつの選択肢だ。自立とは自らが創りだすことである。すべてを受け入れて生きていくことを是とすればそれも良いのだ。要は多様性を受け入れられる社会であることが大切なのだ。

最後にビジネスパートナーの前田めぐるさんについて述べたい。広報ツール制作などでお世話になり、すでに十数年のお付き合いになる。その頃から本書の原案を色々と一緒に考えていただいた。ちょうど、前田さんがお母さんの介護をされていた時と重なっていた。前田さんから見るシニアの世界は私にない視点ばかりだった。多くのことを教えていただいた。この場を借りて、感謝を申し上げたい。

過去に何冊か本を上梓してきたが、今回は普段とは異なる頭の使い方を強いられた。シニアというテーマについて知らないことばかり。知れば知るほど、無知を痛感する日々だった。思い込みや無知を恥じ、出版を断念しようかと思うこともあった。それでも、執筆協力のメンバーや当社の幹部社員の奮闘で、ようやく皆さまの手元に届けられるレベルの代物に仕上がったと思っている。本文に登場いただいている多くのシニアやシニア応援団の方々から得難いヒントもいただいた。文献を漁っても次から次へと知らないことばかりが浮き彫りになる。大袈裟かもしれないが、大学受験の時よりも勉強したかもしれない。そして、完成した原稿を眺めているとこれからの活動に胸を躍らせている自分がいる。今後も個人としても組織としても、「学習する」という努力を継続させながら、現場を経験し、有益な情報などを発信し続けていきたい。そして、これは関連会社・カナリアコミュニケーションズの創業理念である「時代に警鐘を鳴らす」カナリアの役目を果たすことにもつながると考えている。

最後に本書に登場いただいたシニアの方々、制作に尽力していただいたビジネスパートナーの方々に改めて感謝の意を表し、本書の結びとしたい。

近藤　昇

■著者推薦書籍

『福祉のアジア　国際比較から政策構想へ』（２０１５年９月・名古屋大学出版会）
『２０５０年　超高齢社会のコミュニティ構想』（２０１５年８月・岩波書店）
『高齢社会白書〈平成２７年版〉』（２０１５年７月・日経印刷）
『下流老人　一億総老後崩壊の衝撃』（２０１５年６月・朝日新聞出版）
『シニアビジネスの新しい主役　Ｈａｎａｋｏ世代を狙え！』（２０１５年６月・ダイヤモンド社）
『シニア人材マネジメントの教科書　老年学による新アプローチ』（２０１５年５月・日本経済新聞社）
『老いの作法　迷惑をかけない「生き方」の手引き』（２０１５年４月・宝島社）
『超高齢社会　日本の挑戦　生き活きライフ＜第２弾＞』（２０１４年３月・時評社）
『持続可能な高齢社会を考える』（２０１４年１１月・中央経済社）
『成功するシニアビジネスの教科書　「超高齢社会」をビジネスチャンスにする“技術”』（２０１４年６月・日本経済新聞社）
『超高齢社会　＜第３弾＞　日本のシナリオ』（２０１５年３月・時評社）
『老人漂流社会』（２０１３年１１月・主婦と生活社）
『シニアシフトの衝撃』（２０１２年１１月・ダイヤモンド社）
『２０３０年超高齢未来破綻を防ぐ10のプラン　ジェロントロジーが描く理想の長寿社会』（２０１２年９月・東洋経済新聞社）
『超高齢社会の基礎知識』（２０１２年１月・講談社）
『地方創生はアクティブシニアのワープステイ【里山留学】からはじまる！』（２０１４年１２月・住宅新報社）
『１００歳まで成長する　脳の鍛え方』（２０１１年１１月・主婦の友社）
『老人に冷たい国・日本　「貧困と社会的孤立」の現実』（２０１５年７月・光文社）
『東大がつくった高齢社会の教科書』（２０１３年３月・ベネッセコーポレーション）
『人生二毛作社会を創る　企業ミドルの生き方改革による長寿社会の再構築』（２０１１年１１月・同友館）
『老いてゆくアジア　繁栄の構図が変わるとき』（２００７年９月・中央公論新社）
『超長期予測 老いるアジア　変貌する世界人口・経済地図』（２００７年１０月・日本経済新聞出版社）
『地方消滅 東京一極集中が招く人口急減』（２０１４年８月・中央公論新社）
『超高齢社会の未来 ＩＴ立国日本の挑戦』（２０１４年１２月・毎日新聞社）

■ブレインワークスグループ

日本とアジアにおいて中小企業総合支援サービスを展開する企業グループ。日本国内向けには、経営戦略支援、人材育成支援、業務改善支援、営業力強化支援、情報共有化支援、情報セキュリティ支援など幅広いサービスを取り揃える。一方、日本企業のアジア進出支援サービスも提供。18年以上の活動経験を有するベトナムにおいては、数多くの企業進出支援実績を誇る。その他、タイ、ミャンマー、インドネシア、シンガポール、中国などにおける進出支援も手掛けている。また、メディア事業も手掛け、関連会社カナリアコミュニケーションズより多数の著書を発刊。自社メディアとしても「Sailing Master.com」を運営している。アジアにおける事業は小売、通販、メディア、飲食、農業、建設と幅広く展開。2011年にはベトナム・ホーチミン市で「JAPAN STYLE Shop」をオープン。また、同市を中心に日本の飲食店開業支援を推進している。アジアと日本を結ぶ総合支援事業としてアジアブリッジサービスを提供し、アジア企業と日本企業のマッチングやスピーディーな事業展開を支援。その中でICTを活用したビジネスを提唱し支援を拡大している。最近ではテレワーク支援など、地方創生事業も手がけている。

■東京本社
東京都品川区西五反田6-2-7 ウエストサイド五反田ビル3F
TEL：03-5759-5066
■大阪支店
大阪府大阪市中央区北浜1-3-2　北浜アークビル8F
TEL：06-6210-2709
■神戸本店
兵庫県神戸市中央区三宮町1-4-9 ウエシマ本社ビル5F
TEL：078-325-3303

沖縄／名古屋／徳島／京都／ホーチミン／ハノイ／カントー／プノンペン
ホームページ：http://www.bwg.co.jp

【執筆協力】

佐々木　紀行（ささき・のりゆき）
株式会社ブレインワークス　取締役
1973年生まれ。大東文化大学法学部政治学科卒業。出版社、編集制作会社勤務後、株式会社ブレインワークスへ入社。ビジネス書の企画制作を手がける傍ら、アジアビジネス情報誌「Sailing Master」の発行人編集長を務め、アジア各国で取材活動を行う他、コンテンツを活用したビジネス創造支援を担う。

窪田　光祐（くぼた・みつのり）
株式会社ブレインワークス　マネージャー
1972年生まれ。近畿大学理工学部機械工学科卒業。大手食品メーカー勤務後、1998年に株式会社ブレインワークスに入社。ITエンジニア、セキュリティコンサルタントとして、企業支援に従事。官公庁のCIO補佐官も務める。情報処理技術者（ITストラテジスト、システム監査技術者、プロジェクトマネージャ、情報セキュリティスペシャリスト）、個人情報保護士などの資格を持つ。

近下　さくら（ちかした・さくら）
株式会社ブレインワークス　マネージャー
神戸商科大学経営学部卒業。公認会計士・税理士事務所を経て、株式会社ブレインワークスに入社。西日本中心に、テレワーク推進事業や地方創生ビジネスに携わっている。

脇本　恵（わきもと・めぐみ）
株式会社ブレインワークス　マネージャー
甲南女子大学文学部卒業後、株式会社ブレインワークス入社。プロジェクト推進室にて、各事業サポートに携わる。その後コンテンツプロデューサーとしてブレインワークスの出版事業を担当。

●調査スタッフ
綾部　翔悟（あやべ・しょうご）
株式会社ブレインワークス　スタッフ
1988年生まれ。神戸大学大学院経済学研究科修了。ミクロ経済学を専門とし、データ収集、分析等を担当。

【著者紹介】

近藤　昇（こんどう・のぼる）

株式会社ブレインワークス 代表取締役
1962年、徳島県生まれ。神戸大学工学部建築学科卒業。

一級建築士、特種情報処理技術者の資格を有する。

大手建設会社に入社後、システムエンジニアとして活躍。

その後、31歳の時に株式会社ブレインワークスを設立する。

「経営とＩＣＴ」の両方を融合した『経営システム』のコンセプトのもと、中小企業の経営支援事業を展開し、幅広いサービスを提供する。講演、セミナー活動も積極的に行い、雑誌への寄稿、新聞への取材協力など多数あり。

1990年代後半からベトナム・ホーチミン市に拠点を設立し、活動を開始。現在は、ベトナムを始めとするアジア各国への進出支援事業を展開し、日本の地方とアジアをつなぐため、アジア中を駆けめぐっている。


【主な執筆著書】

・だから中小企業のＩＴ化は失敗する（オーエス出版）
・これで中小企業の「情報共有化」は成功する（オーエス出版）
・社内情報革命に失敗する会社・成功する会社（光芒社）
・仕事は自分で創れ！（オーエス出版）
・バカモン！　一流ビジネスパーソンへの登竜門（カナリア書房）
・マンガでわかる！家族のための個人情報保護ハンドブック（カナリア書房）
・マンガでわかる！親子のためのインターネット& ケータイの使い方（カナリア書房）
・THE END OF SOFTWARE?IT 経営の常識が変わる（ カナリア書房）
・IT、情報活用、セキュリティで右往左往しない社長の鉄則77(明日香出版)
・だから若者は社会で迷走する（カナリア書房）
・IT リテラシー　ビジネスパーソンがマスターすべき必須要素（カナリア書房）
・アジアでビジネスチャンスをつかめ！（カナリア書房）
・アジア人材活用のススメ（カナリア書房）
・だから中小企業のアジアビジネスは失敗する（カナリア書房）
・ＩＣＴとアナログ力を駆使して中小企業が変革する(カナリアコミュニケーションズ)

もし波平が77歳だったら？

2016年1月15日〔初版第1刷発行〕
2016年2月15日〔第2刷発行〕

著　者　近藤　昇
発行人　佐々木　紀行
発行所　株式会社カナリアコミュニケーションズ
〒141-0031　東京都品川区西五反田6-2-7
ウエストサイド五反田ビル3F
TEL　03-5436-9701　FAX　03-3491-9699
http://www.canaria-book.com

印刷　石川特殊特急製本株式会社
装丁　田辺智子
DTP　新藤昇

ISBN978-4-7782-0318-4　C0034

カナリアコミュニケーションズの書籍のご案内

2015年1月20日発刊
定価 1500円（税別）
ISBN978-4-7782-0291-0

挑戦しよう！定年・シニア起業

岩本　弘　著

超高齢社会、年金破綻、70歳年金時代…。

老後を前にしてシニア世代に次々と降りかかる難問の数々。

どうするか。自分の貴重な経験を生かして起業するしかないと著者は説く。新聞記者出身著者の奮闘記に加え、全国の起業実例を紹介。

実践ノウハウを一挙公開する。

2015年3月10日発刊
定価 1300円（税別）
ISBN978-4-7782-0295-8

シニアはまだ眠らない
かけがえのない自分史をどう完成させるのか？

加藤 敏明　著

５０歳から新たな挑戦がはじまる時代。

これからシニア世代がどんな役割を担い、自分を生かす活動や社会とのつながりをどのように演出していくのか。

そのヒントを提起する。

シニア世代を迎える人たちは、これからさらに厳しい現実が待っている。

自分のリタイア後の人生をどう完成させるのか。

早い段階から自分を生かす活動や社会とのつながりを演出するための手引きとなる１冊。

2010年5月20日発刊
定価 1500円（税別）
ISBN 978-4-7782-0140-1

マレーシアに定住でご褒美人生
体験者150の証言

坂本　恭彦・洋子 著

セカンドライフを送るなら南国マレーシアできまり！

体験者１５０人の証言を読めば、今すぐあなたもマレーシアに行きたくなる！

「1億円の余裕」「女性のご褒美人生」「自身の介護計画」って何!?

長年にわたりマレーシアに携わってきた著者が送る「セカンドホーマー」たちの証言集。

着る喜びから食べる喜びまで、住んだ人にしか分からない魅力をご紹介！

楽園マレーシアで過ごす、第２の人生はいかが？

カナリアコミュニケーションズの書籍のご案内

ミャンマービジネスの真実
アジア最後のフロンティア『ミャンマー』の横顔

田中 和雄 著

日本では報じられないミャンマーの知られざる素顔とは。

現地に１７年通い続けた著者だからこそ書けるミャンマーの真の姿がこの１冊に集約。

この国でビジネスするなら知っておかなくてはならないことが網羅された必読の書。

日本で報じられているミャンマーの姿は、どこか大切な部分が抜けて落ちているのではないかと感じた著者が、１７年間現地に通い続けた経験に基づき、ビジネスをする上でのこの国の実態に深く迫る１冊。

2014年3月28日発刊
定価 1400円（税別）
ISBN978-4-7782-0266-8

メコンの大地が教えてくれたこと
大賀流オーガニック農法が生み出す奇跡

大賀　昌　著

タイで、画期的なオーガニック農法で大成功をおさめた著者が教える、成功の軌跡とビジョンとは？

アジアで農業に挑戦してきたから語れる、農業のあり方が詰まった１冊。

すでに農業に取り組んでいる方、またこれから農業に取り組もうとされている方々の指針となる内容。

2012年7月13日発刊
定価 1500円（税別）
ISBN978-4-7782-0227-9

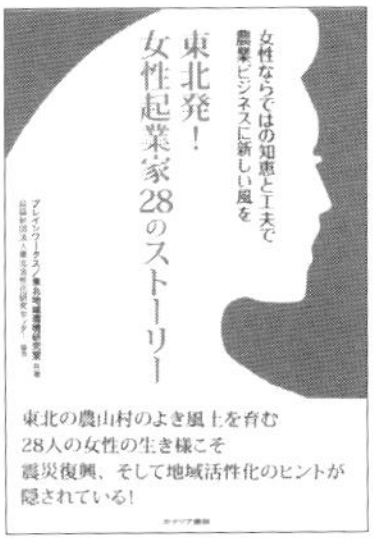

東北発！女性起業家28のストーリー
女性ならではの知恵と工夫で農業ビジネスに新しい風を

ブレインワークス／東北地域環境研究室　共著

震災復興、そして地域活性化のヒントがここに！！

東北の農山村で暮らす２８人の女性起業家にインタビュー。

農山村のよき風土を育みながら、起業をした女性たちの真実のストーリー。

それぞれの話に、震災復興のヒントが隠されている。

2012年6月15日発刊
定価 1500円（税別）
ISBN978-4-7782-0223-1

カナリアコミュニケーションズの書籍のご案内

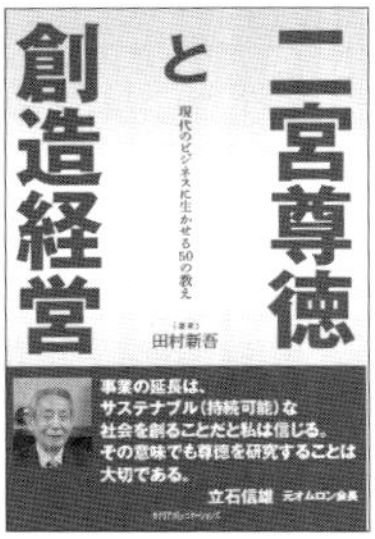

2015年5月25日発刊
定価 1300円（税別）
ISBN978-4-7782-0304-7

二宮尊徳と創造経営

田村 新吾　著

40億年生き続けている自然界のバランス美の中に
教科書学問にはない崇高な教えがある。
二宮尊徳が農民に語る自然界の譬え話の中に企業の
再生と創造、そして永続の秘訣があった。
全ての経営者必読の書。

2009年4月24日　発刊
定価 1200円（税別）
ISBN978-4-7782-0099-2

女性を輝かせるマネジメント術

“ブライダル・ジュエリー ”を
業界No.1 企業に導いた恩田流メソッド

恩田 饒・山岸 和実 共著

・時間に敏感「即決型の経営」を好む　・「 決断」ではなく「決心」する
・「競争」よりも「向上」を好む　・すんなり納得してもらうコツ
・落ち込んでいるときこそ……　・女性に嫌われる６つの理由
・「定義力」が求められる　・仕事で「美しくなれる」ということ
・「帰りたくない」という演出を　・トイレは"聖域"と心得よ
・気持ちを込めて「返信」する　・「すべては必然」というスタンスで

2009年2月23日発刊
定価 1200円（税別）
ISBN978-4-7782-0096-1

だから若者は社会を迷走する

近藤昇 著

現代の若者に捧げる珠玉のメッセージ。
働くこと、アジアのこと、仕事のこと、そして人生とは？
日本とアジアで活躍する著者が若者にエールを送る。
大学生、社会人生活をスタートさせたばかりの方々に
勇気と希望を与える1冊。

経営者が思う、大学生や新入社員に知っておいて貰いたい事や
行動しておいて貰いたいことをまとめています。
３年で会社を辞めてしまう若者や、
大企業ばかりに 目を向けている学生に“渇”を入れます。

カナリアコミュニケーションズの書籍のご案内

2012 年2 月10 日発刊
定価 1400 円（税別）
ISBN 978-4-7782-0214-9

本は何度でもおいしいツール。
本を使ってビジネスを創り出す
ノウハウを伝授！

「本」でビジネスを創造する本

近藤　昇／佐々木　紀行 著

出版不況と言われる今、
なぜ書籍がビジネスにつながるのか。
著者として、出版社として、
さまざまな角度から
出版業界に接する著者が経験を基に、
出版の現状と魅力を伝えます。

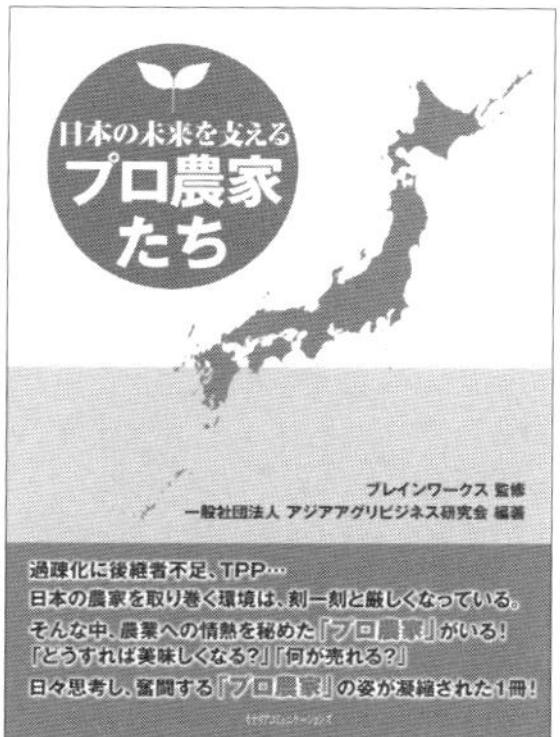

2015年11月30日発刊
定価 1200円（税別）
ISBN978-4-7782-0319-1

日本の未来を支えるプロ農家たち

一般社団法人アジアアグリビジネス研究会　編著

人口減少化が進み、国内市場はさらに縮小することが予想される日本の農業。衰退産業と思われるなかで、新しいビジネスモデルを目指して挑戦する農家にスポットライトを当て、これからの農業のあり方を問う。

過疎化に後継者不足、ＴＰＰ…

日本の農家を取り巻く環境は、刻一刻と厳しくなっている。

そんななか、農業への情熱を秘めた「プロ農家」がいる！

「どうすれば美味しくなる？」「何が売れる？」

日々思考し、奮闘する「プロ農家」の姿が凝縮された１冊！

カナリアコミュニケーションズの書籍のご案内

2010年4月20日発刊
定価 1400円(税別)
ISBN978-4-7782-0135-7

日本の農業の未来を救うのは
「アジア」だった！

アジアで
農業ビジネスチャンスをつかめ！

近藤　昇・畦地　裕著

日本の農業のこれからを考えるならアジアなくして考えられない。

農業に適した土地柄と豊富な労働力があらたなビジネスチャンスをもたらす。

活気と可能性に満ちたアジアで、商機を逃すな！

2009年6月19日発刊
定価 1400円（税別）
ISBN978-4-7782-0106-7

世界が注目するアジアマーケットで
チャンスをつかめ！

アジアで
ビジネスチャンスをつかめ！

ブレインワークス 近藤 昇・佐々木 紀行 著

アジアを制するモノが勝つ！
中小企業は今こそアジアでチャンスをつかみとれ！
10年以上、アジアビジネスに携わってきた著者が贈る
企業のアジア戦略必読本。

アジアビジネスの入門書としても最適！
アジアについて誤解されやすいところの解消や
アジア各国での最新投資・進出状況などをわかりやすくお届けしています！

企業経営者の方やアジアに興味をお持ちの方にオススメ！！

カナリアコミュニケーションズの書籍のご案内

2013 年 1 月 10 日発刊
定価 1400 円（税別）
ISBN978-4-7782-0238-5

なぜ、中小企業がアジアビジネスを
手がけると上手くいかないのか？
この 1 冊に問題解決のヒントが !!

アジア人材活用のススメ

ブレインワークス　近藤　昇 著

創業以来アジアビジネスに関わり続ける著者が書き下ろす成功の秘訣とは？

いまや中小企業も生き残りのためにはアジアへ目を向けざるを得ない。その現状に気付いている経営者もいるが、実際アジアビジネスを手がけると上手くいかず苦戦を強いられている。
なぜなのか？文化が違う？法律の問題？ポイントは「現地人」をいかに活用するかなのだ。現地人材を育て、活用することこそが、アジアビジネス成功には必須条件となる。そのポイントを余すとこなくお伝えします。

2013 年 2 月 14 日発刊
定価　1400 円（税別）
ISBN978-4-7782-0242-2

これからの日本企業にとって
アジアグローバルの視点は
欠かすことのできない経営課題の 1 つだ！
そのヒントがこの 1 冊に凝縮！

だから中小企業の アジアビジネスは失敗する

ブレインワークス　近藤　昇 著

日本全国の中小企業は今後のビジネス展開において、アジア進出が欠かせない経営戦略となる中、多くの企業が進出に失敗してしまっているのが事実である。そんな中、自身も 18 年前からベトナムに進出をし、アジアビジネスを知り尽くした近藤昇より、アジアビジネスの本質から、リスクマネジメントの方法まで、具体的なノウハウを伝授いたします。